Christian Ortner

Prolokratie

Christian Ortner: Prolokratie

www.edition-a.at

Lektorat: Johannes Epple

Cover: Hidsch
Gestaltung: Raphaela Brandner
Druck: Theiss (www.theiss.at)

Schriften:
Premiéra
Acorde
Plantago

2 3 4 5 6 — 15 14 13 12

ISBN 978-3-99001-047-1

Christian Ortner

PROLOKRATIE

edition a

I. Ein Souverän namens Kevin und Jessica – oder: Warum braucht man einen Führerschein zum Autofahren, aber nicht, um wählen zu dürfen?

Jessica ist arbeitslos, ziemlich pleite und daher dringend an Bargeld interessiert. Deshalb ruft Jessica, der Stimme nach eine Mittzwanzigerin, bei einer jener spätabendlichen Call-In-Quizsendungen des deutschen Krawallfernsehens an, in der es für die richtige Beantwortung einer nicht allzu anspruchsvollen Frage einige hundert Euro zu gewinnen gibt.

»Eine deutsche Automarke mit vier Buchstaben, deren erster ein A ist.« Das will der Moderator von Jessica wissen, bevor sie sich über den Gewinn von 500 Euro freuen darf.

Jessica denkt nach. Nach einigen Augenblicken kommt ohne erkennbaren Zweifel die Antwort: »BMW«.

Was Jessica zu dieser originellen Antwort bewogen hat, bleibt im Dunklen. Vielleicht hat sie geraten, vielleicht sind das Alphabet mit seinen vielen Buchstaben und das Zählen nicht ihre Stärke, vielleicht fährt ihr Freund Kevin, auch er vermutlich in eher prekären finanziellen Verhältnissen, einen tiefer gelegten BMW und hat damit ihr Markenbewusstsein fokussiert.

Es ist im Grunde auch uninteressant und Jessicas Privatsache mit welchen Bildungsstandards sie sich zufrieden gibt. Es ist auch nicht sinnvoll, sich über sie aus einer albernen bildungsbürgerlichen Pose zu amüsieren. Ihre Unfähigkeit, derart schlichte Problemstellungen zu lösen, ist vermutlich von ihr eher nicht freiwillig gewählt, sondern Folge einer ganzen Reihe unglücklicher Einflüsse, für die sie nichts kann.

Das Problem ist, dass trotz ihrer erkennbaren Unfähigkeit, einfachste Zusammenhänge zu begreifen und daraus einen vernünftigen Schluss zu ziehen, Jessica berechtigt ist, und in gewisser Weise auch die Pflicht dazu hat, im demokratischen Prozess im Wege von Wahlen wichtige Entscheidungen über die Zukunft ihrer Heimat zu treffen. Entscheidungen, die in vielen Fällen derart kompliziert sind, dass Jessica nicht einmal dann eine Chance hätte, eine leidlich wissensbasierte Entscheidung zu treffen, wenn sie auch nur annähernd verstünde, worum es geht.

Wäre Jessica ein beklagenswerter Einzelfall oder auch nur Teil einer bedauernswerten, aber für den demokratischen Prozess letztlich wenig relevanten Minderheit, so würde das zwar auf ein Problem des Bildungssystems hindeuten, nicht aber auf eines der Demokratie insgesamt.

Leider gibt es viele Indizien, die zeigen, dass es verdammt viele Jessicas und Kevins gibt. Sie verkörpern also nicht ein kleine Minderheit, sondern gehören zu einer relevanten, wenn nicht gar ausschlaggebenden Gruppe von Wählern.

Der Verdacht liegt nahe, dass Typen wie Jessica und Kevin in der westlichen Demokratie des 21. Jahrhunderts der Souverän sind.

Wer diesen Souverän erkunden will, der kann zum Beispiel den Chef eines erfolgreichen österreichischen Technologieunternehmens aufsuchen und sich von diesem erklären lassen, dass ein erheblicher Teil der jugendlichen Bewerber um Ausbildungsplätze trotz Schulabschlusses nicht in der Lage ist, die deutsche Sprache und die Grundrechnungsarten ohne Absturzgefahr zu verwenden.

Wer diesen Souverän erkunden will, der kann zum Beispiel am frühen Morgen in einem beliebigen städtischen Massenverkehrsmittel dessen Lesegewohnheiten studieren, sofern man angesichts der dabei konsumierten medialen Hervorbringungen überhaupt noch von »lesen« sprechen kann. Das letzte Mal, dass im deutschen Sprachraum in der U-Bahn oder im Bus ein Buchleser beobachtet werden konnte, dürfte Ende der 1960er Jahre gewesen sein, seither ist diese Spezies ausgestorben wie der Dodo auf Mauritius.

Wer diesen Souverän erkunden will, der kann das mithilfe eines ganz alltäglichen Werbeblocks im Fernsehen erledigen. Da werden Männern allen Ernstes Heilsalben angepriesen, mit denen sie angeblich in einer Woche zwei Zentimeter Bauchumfang verlieren können. Frauen werden in aller Regel als hirnlos quasselnde Dumpfbacken vorgeführt, deren zentrales Konversationsthema der Blähbauch und seine Behandlung durch rechtsdrehende Molkereiprodukte ist.

Dergleichen geht nicht auf Sendung, weil die Werbewirtschaft so blöd wäre. Dergleichen geht auf Sendung, weil die Werbewirtschaft die eher geringe intellektuelle Belastbarkeit der von ihr angesprochenen Menschen sehr genau vermessen und erhoben hat. Was uns die Werbung zeigt, das sind Jessica und Kevin in freier Wildbahn – der Souverän und sein zentrales Lebensthema, der Blähbauch, sozusagen.

Bedenklich dabei ist, dass eben diese Mitmenschen nicht nur Zielgruppe für Bauchumfangreduktion und Blähbauchprävention durch Quackmethoden sind, sondern auch im demokratischen Prozess mit ihrer Stimme über hochkomplexe Fragestellungen entscheiden. Wer am Freitag im Drogeriemarkt zur »Bauchweg-Creme« greift, darf am nächsten Wahlsonntag zumindest indirekt über die zukünftige Ausgestaltung der europäischen Finanzarchitektur abstimmen.

Sehr beruhigend ist dieser Gedanke nicht.

Dagegen spricht das Argument, dass die westeuropäischen Demokratien mit Jessica und Kevin als Souverän in den Jahren seit dem Zweiten Weltkrieg sich nicht gerade schlecht entwickelt haben. Kaum ein anderes politisches Betriebssystem hat innerhalb einiger Jahrzehnte so viel Wohlstand für so viele geschaffen wie die europäische Parteiendemokratie in der zweiten Hälfte des 20. Jahrhunderts.

Leider wissen wir mittlerweile, dass zwar ein erheblicher Teil dieses Wohlstandes ehrlich erarbeitet worden ist, ein nicht geringer Teil jedoch auf Pump geschaffen wurde. In manchen Ländern weniger, etwa Deutschland und Österreich, in anderen mehr, zum

Beispiel Griechenland und Italien. Letztlich wurde überall mit der gleichen Methode Politik betrieben: Die Regierungen machten Schulden, um die Wähler mittels immer neuer sozialer Wohltaten zu bestechen und damit den eigenen Machterhalt abzusichern. Völlig zu Recht hat der tschechische Außenminister Karl Schwarzenberg diesen Zusammenhang als den »*moralischen Urgrund der Krise*« benannt, die Europa seit Jahren erschüttert.

Die Politiker gehen dabei eine unheilvolle Allianz mit Jessica und Kevin ein. Der Souverän verhält sich im demokratischen Prozess höchst rational, indem er regelmäßig jenen Politikern und jener Partei seine Stimme gibt, die ihm das finanziell attraktivste Angebot machen. Bietet also Kandidat A eine Erhöhung der Renten um 2 Prozent und Kandidat B eine um 4 Prozent an, ist völlig klar, wer die Wahl gewinnt und wer sie verliert.

Mit dem Hinweis, dass eine Erhöhung der Renten eigentlich nicht zu verantworten, ja eine Kürzung zur Abwendung der Staatspleite unumgänglich sei, braucht ein Politiker gar nicht zu Wahlen anzutreten, wie unzählige Beispiele zeigen. Auch in der Politik gilt, dass jede gute Tat sich unerbittlich rächt.

Demokratisch immer höhere Sozialleistungen durch immer mehr Schulden herbei zu wählen, funktioniert nur bis zu jenem Moment, ab dem die Gläubiger nervös werden, ob sie ihr Geld wieder sehen werden.

In mehreren europäischen Staaten ist dieser Punkt bereits erreicht, in Deutschland und Österreich zwar noch nicht, aber die Entwicklung ist auch in den solider wirtschaftenden Staaten durchaus die gleiche.

Gleichzeitig verschiebt sich durch diese demokratische Technik des Machterhaltes mittels Wählerbestechung zu Lasten künftiger Generationen das Verhältnis zwischen der Zahl jener, die Nettoempfänger des Staates und seiner milden Gaben sind, und jener, die diesen Staat durch ihre Arbeit und ihre Leistung finanzieren. Erstere werden tendenziell immer mehr, zweitere hingegen immer weniger.

Spätestens ab diesem Zeitpunkt ist die Demokratie akut in Gefahr, sich höchst demokratisch in die Pleite zu wählen.

Denn die Mehrheit der Nettoempfänger wird durchaus rational und ganz legitim für immer neue und immer teurere Sozialleistungen stimmen. Da sie keine Einkommenssteuern zahlen, haben Jessica und Kevin dabei nur zu gewinnen.

Die Leistungsträger und Nettozahler können und wollen diese Lasten jedoch nur bis zu einem gewissen Punkt schultern. Irgendwann ist ihnen beim schlechtesten Willen keine zusätzliche Steuerleistung mehr abzupressen. Wohin das führt, hat schon Abraham Lincoln, 16. Präsident der Vereinigten Staaten, geahnt: *»Ihr werdet die Schwachen nicht stärken, indem ihr die Starken schwächt. Ihr werdet denen, die ihren Lebensunterhalt* *verdienen müssen, nicht helfen, indem ihr die ruiniert, die sie bezahlen. Ihr werdet keine Brüderlichkeit schaffen, indem ihr Klassenhass schürt. Ihr werdet den Armen nicht helfen, indem ihr die Reichen ausmerzt. Ihr könnt den Menschen nie auf Dauer helfen, wenn ihr für sie tut, was sie selber für sich tun sollten und können.«*

Ab diesem Punkt wird es für einen Staat eng. Die Mehrheit wählt sich fidel eine permanente Ausweitung ihrer Komfortzone herbei, die von der Minderheit der Steuerzahler irgendwann nicht mehr finanziert werden kann. Eine Zeit lang ist die Differenz noch durch Schulden und immer neue Schulden zu überbrücken. Bis zu dem Zeitpunkt, an dem es keine neuen Kredite mehr gibt. Dann heißt es, Game Over.

Genau dieser Prozess vollzieht sich seit Jahrzehnten in der großen Mehrzahl der europäischen Demokratien, aber zum Teil auch in den USA und in Japan. In dieser Dimension noch nie zuvor gesehener staatlicher Daseinsvorsorge stehen in dieser Dimension noch nie gesehene Schuldengebirge gegenüber.

Der Verdacht liegt nahe, dass dem demokratischen System, wie wir es kennen, die frivole Neigung zum Staatsbankrott innewohnt. Und zwar nicht durch Missbrauch, durch untaugliches politisches Personal oder politische Betriebsunfälle, sondern weil es gleichsam in seiner Natur liegt.

In Einzelfällen ist es Staaten ab und zu gelungen, demokratische Mehrheiten für notwendige Sparmaßnahmen und damit eine Reduktion des Wohlstandes der Mehrheit zu organisieren. Die Regel ist das aber nicht, sonst wären die demokratischen Staaten in Summe nicht heute in einem Ausmaß verschuldet, das die Grenze des Vernünftigen schon weit hinter sich gelassen hat und in die Region des Gefährlichen vorgedrungen ist.

Daraus ergeben sich ein paar heikle Fragen. Ist die Demokratie, so wie wir sie heute kennen, wirklich das Beste aller denkbaren politischen Betriebssysteme zur Bewältigung der sehr turbulenten Zeiten, die vor uns liegen? Was sollte an dieser Demokratie verändert werden, um ihre fatale Neigung zur Überschuldung zu beseitigen? Oder gibt es gar Alternativen zur westlichen Parteiendemokratie, die deren Vorteile erhalten, ohne deren Nachteile in Kauf nehmen zu müssen?

II. Demokratisch in die Pleite – oder: Warum Bürger dazu neigen, staatliche Schuldenexzesse herbeizuwählen.

Vor einer »*in der Geschichte der Bundesrepublik einmaligen Finanzierungslücke*« warnte das deutsche Magazin »Der Spiegel« seine Leser. Der Bundeskanzler raunte sogar von »*drohenden italienischen Verhältnissen*« und ein Direktor der deutschen Bundesbank fand das Defizit des Staates »*höchst ungemütlich*«.

Was sich wie ein unmittelbar bevorstehender Staatsbankrott der Bonner Republik anhört, war ein im Jahre 1975 unter Kanzler Helmut Schmidt drohendes Defizit von 20 Prozent des Bruttosozialproduktes. Das ist ein aus heutiger Sicht geradezu paradiesisch niedriger Wert. 2012 liegt der Schuldenstand des deutschen Staates bei satten 80 Prozent. Österreichs Finanzen haben sich in dieser vergleichsweise kurzen Zeit genauso betrüblich entwickelt. Lag das Defizit 1975 bei 15,3 Prozent, so erreichte es 2012 den fünffachen Wert (75 Prozent). In den meisten anderen westlichen Demokratien sind die Staatsschulden in ganz ähnlich atemberaubendem Tempo angewachsen und haben schließlich zu jener globalen Finanzkrise beigetragen, die seit über fünf Jahren wütet.

Man kann diesen Prozess auch als eklatanten Fall von Demokratieversagen verstehen. Denn der Weg in den Schuldenexzess ist demokratisch völlig einwandfrei legitimiert, parlamentarisch korrekt beschritten und vom Wähler alle paar Jahre bestätigt worden.

Jedes Land hat eben die Staatsschulden, die es sich wählt. Wir amüsieren uns nicht nur zu Tode (wie Neil

Postman trefflich formulierte, darauf wird später noch zurückzukommen sein), wir *wählen* uns auch zu Tode, fiskalpolitisch jedenfalls.

Dafür, dass sie Schuldenberg auf Schuldenberg türmten, und das seit mehr als 35 Jahren, haben die Politiker viele gut klingende Begründungen auf Lager. Mal muss in einer Phase schlechter Konjunktur *»die Wirtschaft angekurbelt werden«*, mal müssen *»Arbeitsplätze geschaffen werden«*, mal muss *»sozialer Ausgleich«* stattfinden. Irgendeinen Grund, fröhlich Schulden zu machen, gibt es immer. Sind die Zeiten schlecht, ist es klar, sind sie gut, darf der Aufschwung nicht behindert werden. Wenn Politiker vom Sparen reden, meinen sie damit in aller Regel höchstens, etwas weniger Schulden zu machen als üblich.

Doch mit einer einzigen historischen Ausnahme, der deutschen Wiedervereinigung, sind das alles letztlich mehr oder weniger kosmetische Argumente, die das wichtigste Motiv der Politik camouflieren sollen. Dieses ist, den Wähler mittels immer neuer staatlicher Leistungen bei Laune zu halten. Die Politik besticht den Wähler mit Geld, das sie sich von zukünftigen Wählergenerationen ausborgt.

Parlamente werden in diesem Kontext zu Umverteilungsmaschinen, mit deren Hilfe die heutige Generation ihre Kinder und Enkelkinder bestiehlt. »Die demokratische Krankheit« nennt der Ökonom Christoph Braunschweig in seinem gleichnamigen Buch, erschienen im OLZOG Verlag, diese kollektive Unvernunft von Wählern und Politikern. Nach seiner Auffassung *»zeigen die westlichen Wohlfahrtsstaaten, dass man demokratisch geführte Länder friedlich und mit besten wohlmeinenden politischen Absichten wirtschaftlich systematisch ruinieren kann.«*

Politiker, die bei dieser höchst legalen Form des Einbruchsdiebstahls nicht mitmachen wollen, werden vom demokratischen Souverän normalerweise gnadenlos abgestraft. *»Die Parteien – etwa die französischen Sozialisten, die ihre Rentner mit deutscher Mehrarbeit verwöhnen wollen und ihren Sommersprit mit Bankenzinsen verbilligen – verhalten sich dabei zwar komplett verantwortungslos, doch keineswegs ohne Logik. Wer Wahlen gewinnen will, muss weiter lügen. Wer dagegen die wirtschaftliche Wahrheit auf den Tisch legt, wird abgestraft. Diese Leitlinie zieht sich durch ganz Europa.«* So beschrieb die »Frankfurter Allgemeine Zeitung« im Mai 2012 diese entscheidende Dysfunktionalität des demokratischen Prozesses. Der langjährige luxemburgische Regierungschef Jean-Claude Juncker hat das Problem einmal präzise auf den Punkt gebracht. *»Wir Politiker wissen ja, was getan werden müsste. Wir wissen nur nicht, wie wir danach wiedergewählt werden können«*, sagte er.

Eine der wesentlichen Ursachen für diese der modernen Massendemokratie immanente Neigung zum ökonomischen Suizid ist das ständige Ansteigen der Zahl jener, die unter dem Strich mehr Leistungen vom Staat beziehen, als sie dem Staat abliefern. Die Kevins und Jessicas, »Hartz-IV-affin« und wenig produktiv, werden immer mehr. Wählen sie entsprechend ihren objektiven Interessen, erhöht der Staat seine Leistungen an die Nettoempfänger kontinuierlich und sorgt dafür, dass diese Gruppe immer größer wird. *»Eine repräsentative Demokratie kann nicht bestehen, wenn ein großer Teil der Wähler auf der öffentlichen Gehaltsliste steht«*, hat der große österreichische Ökonom Ludwig von Mises bereits am Beginn des 20. Jahrhunderts diagnostiziert. Aber genau dort sind wir längst angelangt.

In Österreich ist dieser Prozess besonders weit fortgeschritten. 6 Millionen Nettoempfänger des Sozial- und Umverteilungsstaates stehen nur noch 2 Millionen Nettozahler gegenüber.

Das heißt unter den Bedingungen der demokratischen Mehrheitsfindung in letzter Konsequenz, dass 6 Millionen Profiteure dieses Systems mit ihrer rechnerischen Mehrheit von 75 Prozent darüber entscheiden können, welche finanzielle Last die 2 Millionen zu tragen haben.

Es bedarf keiner wirklich überschäumenden Fantasie, um sich auszurechen, was das Ergebnis eines derartigen demokratischen Prozesses ist. Wer heute ein halbwegs gutes mittleres Einkommen als Angestellter oder kleiner Gewerbetreibender verdient, sagen wir einmal in der Gegend von 3.000 Euro brutto, der zahlt als Teil dieser Minderheit der »Systemerhalter« bereits weit mehr als 50 Prozent Steuern und Sozialabgaben, in Österreich sogar bis zu 65 Prozent. Offensichtlich gibt es eine Grauzone zwischen demokratisch legitimierter Besteuerung und organisiertem Betrug.

Einer der gnadenlosesten Kritiker dieses Fehlers im »Betriebssystem Demokratie« ist der libertäre Ökonom und Philosoph Hans-Hermann Hoppe. Er meint, dass Demokratie zwingend in die Pleite und zur Ausbeutung der Leistungserbringer führt. »*Ich behaupte …, dass die Demokratie für diesen fatalen Zustand sogar ursächlich verantwortlich ist. Die Zahl produktiver Personen nimmt ständig ab, und die Zahl derjenigen Personen, die von dem durch die ersteren erarbeiteten Einkommen und Vermögen parasitär zehrt, nimmt ständig zu. Das kann auf die Dauer nicht gut gehen.*

Es spricht für die ungeheure schöpferische Kraft des Kapitalismus bzw. dessen, was von ihm angesichts ständig zunehmender staatlicher Strangulierung noch übrig geblieben ist, dass das ganze demokratische Kartenhaus noch immer nicht völlig zusammengebrochen ist. Und dieser Umstand lässt auch erahnen, zu welchen wahren wirtschaftlichen ›Wundern‹ ein unbehinderter, von allem Schmarotzertum befreiter Kapitalismus in der Lage wäre.

Ob und wann diese Erkenntnis endlich Früchte tragen wird, hängt vom Klassenbewusstsein der Bevölkerung ab. Solange die von staatlicher Seite eifrig geförderte marxistische Legende in der öffentlichen Meinung vorherrscht, es gebe einen unüberbrückbaren Interessengegensatz zwischen Arbeitgebern (Kapitalisten) und Arbeitnehmern (Arbeitern) bzw. zwischen Reich und Arm, solange wird sich gar nichts ändern und eine Katastrophe ist unabwendbar.

Zu einer grundlegenden Änderung kann es nur kommen, wenn sich stattdessen die korrekte Einsicht durchsetzt, dass der einzige antagonistische Interessengegensatz derjenige zwischen Steuer-Zahlern als Ausgebeuteten und Steuer-Konsumenten als Ausbeutern ist: zwischen der Klasse der Personen, die ihr Einkommen und Vermögen dadurch verdienen, dass sie etwas herstellen, was von anderen Personen freiwillig gekauft und entsprechend wertgeschätzt wird, und der Klasse derjenigen, die nichts als wertvoll Erachtetes herstellen und verkaufen, sondern die stattdessen von dem Einkommen und Vermögen leben und sich an ihm bereichern, das man anderen, produktiven Personen zuvor zwangsweise – per Steuer – entzogen hat: also allen Staatsbediensteten sowie allen Empfängern staatlicher ›Wohlfahrtsunterstützung‹, Subventionen und monopolistischer Privilegien.

Nur wenn die Klasse der Produzenten dies klar erkennt und öffentlich ausspricht, wenn sie sich endlich selbstbewusst aufs hohe moralische Ross setzt und sich die dummdreisten Belehrungen seitens der Politikerklasse als eine moralische und wirtschaftliche Unverschämtheit verbittet und sie offensiv als die Schmarotzerbande bloßstellt und anklagt, die sie tatsächlich ist, kann es gelingen, das Parasitentum zurückzurollen und letztendlich zu beseitigen.« (Quelle: Interview mit H.H. Hoppe auf »www.misesinfo.org«, Mai 2012)

Man muss nicht die Radikalität Hoppes teilen, der nicht nur der Demokratie, sondern auch dem Staat an sich äußerst skeptisch gegenübersteht, um massendemokratisch designten Steuer- und Umverteilungsregimes eher reserviert gegenüberzustehen. Ihre Neigung, einer leistungsfernen Mehrheit übermäßige Vorteile auf Kosten einer leistungsaffinen Minderheit zu verschaffen, ist evident.

Das wird früher oder später dazu führen, dass die ausgebeutete Minderheit darüber nachdenken wird, ob eine derart verfasste Demokratie wirklich das Gelbe vom Ei ist, ganz wie Hoppe sich das erträumt.

Besonders seit Ausbruch der Finanzkrise, der permanenten Banken- und Staatenrettung und dem Aufspannen milliardenschwerer »Rettungsschirme«, wird die Frage nach der Kompatibilität von Demokratie und gesunden Staatsfinanzen immer öfter und immer vernehmlicher gestellt. Unter dem noch vor wenigen Jahren völlig undenkbaren Titel »Ist es an der Zeit, weniger Demokratie zu wagen?« räsonierte am 8. Juli 2012 die deutsche Tageszeitung »Die Welt«: *»Im Kern lehrt die Vergangenheit, dass der westliche Wohlfahrtsstaat nur politisch stabil zu sein scheint, wenn er mehr leistet, als er eigentlich kann. Dafür mag es gute gesellschaftliche Gründe geben. Aber man muss kein Wirtschaftsweiser sein, um zu sehen, dass es auf Dauer nicht gutgeht.*

Muss man sich deshalb eingestehen, dass Demokratien, wie sie heute verfasst sind, nicht mit Geld umgehen kön-

nen? Dass man die Politik mit dem Anspruch überfordert, den Wählern nicht zu geben, was sie wollen? Und dass man die Staatsfinanzen dem parlamentarischen Betrieb entziehen sollte? Im Kern laufen die Vorschläge von (Bundesbank-Chef, Anm.) Weidmann und Kollegen darauf hinaus.

Solche Überlegungen klingen drastisch, wie das Gegenteil von Demokratie. Immerhin gilt die Haushaltshoheit nicht nur wegen der Zähmung des englischen Monarchen als ›Königsrecht‹ des Parlaments.«

Was Bundesbanker Jens Weidmann in diesem Kontext vorgeschlagen hatte, war tatsächlich eine Teilentmachtung der europäischen, nationalen Parlamente. *»Für den Fall, dass sich ein Land nicht an die Haushaltsregeln hält«*, wurde Weidmann zitiert, *»ginge nationale Souveränität automatisch in dem Ausmaß auf die europäische Ebene über, dass dadurch die Einhaltung der Ziele gewährleistet werden kann.«* Denkbar, berichtete die »FAZ«, seien etwa Steuererhöhungen oder Sparprogramme nicht nur auf Verlangen Brüssels, sondern auch die Möglichkeit, diese über das Parlament des betroffenen Landes hinweg durchsetzen zu können.

Klingt entsetzlich undemokratisch, entspricht aber letztlich einer Erkenntnis, die sogar viele Parlamentarier selbst teilen dürften. Denn nicht anders ist zu erklären, dass der deutsche Bundestag, das schweizerische Parlament und, wenn auch in weniger stark bindender Form, der österreichische Nationalrat eine Schuldenbremse beschlossen haben, also eine gesetzliche Begrenzung der Neuverschuldung der jeweiligen Staatshaushalte.

Dieses »Königsrecht« Budgethoheit der Parlamente haben sich die Parlamentarier dieser (und einiger anderer) Staaten damit teilweise selbst aus der Hand genommen. Sie haben eingesehen, dass die ungebremste demokratische Abstimmung über immer neue Schulden im Desaster endet. Man könnte auch sagen, die Parlamentarier haben selbst um ihre Teilentmündigung angesucht, weil sie ihre fatale und therapieresistente Neigung zur Kreditsucht kennen und um ihre Gefahren wissen. Dabei geht es nicht nur um die absolute Höhe des Schuldenberges, sondern auch um die stetig abnehmende Anzahl von Staatsbürgern, die diese Schuldenlast trägt. Weil Deutsche wie Österreicher immer weniger Kinder bekommen, sinkt zwingend die Zahl jener, die in einigen Jahrzehnten für diese Kredite geradestehen müssen. Die demographische Krise vermischt sich so mit der Schuldenkrise zu einem hochexplosiven Gemisch, dessen Sprengkraft heute nur wenigen Experten bewusst ist. Wobei zwischen demographischer (zu wenige Kinder) und ökonomischer Krise (zu hohe Schulden) ein Zusammenhang durchaus vorstellbar ist. Vielleicht setzen die Menschen ja deshalb so wenige Kinder in die Welt, weil sie sich vor dem Tag fürchten, an dem sie diesen Kindern beichten müssen, dass diese jahrzehntelang bestohlen wurden – von ihren eigenen Eltern.

III. Demokratisch gegen die Wand – oder: Warum die Mehrheit nicht immer Recht hat.

Der 24. September 2008 war in der Geschichte des österreichischen Parlamentarismus *»nicht gerade eine Sternstunde«*, wie es der damalige Finanzminister Wilhelm Molterer mit ganz außerordentlichem Understatement formulierte. Man könnte auch sagen, dass Österreichs Parlament sich an jenem Tag nach Kräften bemühte, den Nachweis zu erbringen, dass die parlamentarische Demokratie mit den Grundsätzen solider Staatsfinanzen nicht kompatibel ist und zwangsläufig im Staatsbankrott enden muss.

Fünf Tage trennten damals das Parlament noch von den Nationalratswahlen 2008. Die Angst, diese wichtigen Bundeswahlen zu verlieren, und die Hoffnung, sie zu gewinnen, entfachte an diesem 24. September einen populistischen Orkan der Wählerbestechung, den das Hohe Haus an der Wiener Ringstraße in seiner durchaus ereignisreichen Geschichte so wohl noch nie erlebt hatte. In bunt wechselnden Koalitionen beschlossen die Parlamentarier aller Parteien in einer Art politischem Blutrausch ein ganzes Bündel vermeintlicher Wohltaten für den Wähler. Die Studiengebühren für Studenten an österreichischen Universitäten wurden abgeschafft, für viele Wähler die Möglichkeit des vorzeitigen Rentenantrittes geschaffen und die ohnehin im europäischen Vergleich sehr hohen Renten außertourlich angehoben. Einziger Zweck der Veranstaltung war, um die Stimmen von Jessica und Kevin und deren Omas und Opas zu buhlen, wie eine schon etwas unansehnliche Gunstgewerblerin am Strich kurz vor Dienstschluss. Wenn es denn eine Sternstunde war, dann eine der Prolokratie.

Finanziert wurden all diese Wohltaten mangels Barem natürlich mit neuen Schulden, also zusätzlichen Steuerbelastungen zukünftiger Generationen. Ein klassisches Geschäft zu Lasten Dritter, aber daran stieß sich der Gesetzgeber in seinem Taumel nicht im Geringsten.

Experten schätzten die Kosten jener Gesetze – ein Teil konnte mittlerweile wieder mühsam rückgängig gemacht werden –, die damals ausschließlich zum Zweck der Wählerbestechung beschlossen wurden, auf etwa 2 Milliarden Euro pro Jahr, was etwa den jährlichen Aufwendungen der Republik für die Landesverteidigung entspricht. Nicht schlecht für ein Land, dessen Schuldenstand durchaus als überdimensioniert bezeichnet werden kann.

»*Was wir damals veranstaltet haben*«, gibt heute unter dem Schutz der Anonymität einer der damals federführenden Politiker offen zu, »*war der blanke Wahnsinn*«.

Es war zwar Wahnsinn, aber durchaus mit Methode. Derartige Exzesse sind nicht Betriebsunfälle der zeitgenössischen Massen- und Mediendemokratie, sondern logische Konsequenz dieses politischen Betriebssystems, in dem die Mehrheit über das Vermögen der Minderheit und noch ungeborener Steuerzahler abstimmen und verfügen kann.

In der historischen Perspektive haben wir es hier freilich mit einem fast harmlosen und grundsätzlich reparablen Fall von Demokratieversagen zu tun. Denn immerhin wurde an jenem 24. September ja nur über Geld abgestimmt und nicht über Menschenleben.

Wohin der demokratische Prozess schlimmstenfalls führen kann, zeigt bekanntlich die deutsche Geschichte. Nachdem Hitler bei den Reichstagswahlen vom fünften März 1933 von 44 Prozent der Deutschen gewählt worden war und sein Koalitionspartner, die »Deutschnationale Volkspartei« 8 Prozent erringen konnte, wurde er formal ganz demokratisch per Parlamentsmehrheit zum Reichskanzler gewählt. Die Folgen sind bekannt.

Zwischen jenem fatalen Demokratieversagen in Berlin 1933 und dem vergleichsweise harmlosen in Wien 2008 liegt ein ganzer Bogen falscher, verantwortungsloser oder auch bloß einfach allzu kostspieliger Parlamentsentscheide in praktisch allen Demokratien. Das spricht gar nicht gegen die Demokratie selbst, wohl aber gegen eine in ihrem Herrschaftsbereich weit verbreitete Annahme, nämlich den eher naiven Glauben daran, dass demokratische Entscheidungen zwangsläufig von besserer inhaltlicher Qualität sein müssen als anders zustande gekommene Entscheidungen. Ihr Vorzug liegt darin, nach allgemeiner Auffassung gut legitimiert zu sein, nicht jedoch darin, deshalb auch zwangsläufig gut zu sein.

Dass der demokratische Prozess nicht zwingend mit hoher inhaltlicher Qualität der Entscheidungsfindung verbunden ist, zeigt schon ein kursorischer Blick auf die wirtschaftliche Entwicklung demokratischer wie nichtdemokratischer Staaten. Die in den westlichen Demokratien weit verbreitete Idee, wonach Demokratie und Wohlstand untrennbar miteinander verbunden seien, ist empirisch nicht wirklich belegbar.

Indien etwa, gemessen an der Zahl der Einwohner die größte Demokratie der Welt, hatte noch im späten 20. Jahrhundert immense Probleme, den Hunger zu bekämpfen. Die Wirtschaft dümpelte jahrzehntelang kränkelnd dahin. Indien war demokratisch, aber bettelarm, und das über Jahrzehnte. Erst mit dem Beginn der liberalen Reformen in den 1990er Jahren, die dem Land seither einen Boom beschert haben, endete der massenhafte Hunger in Indien.

China hingegen, der traditionelle regionale Konkurrent der Inder, ist bis heute keine Demokratie. Trotzdem hat es jetzt schon fast drei Jahrzehnte lang einen in der Menschheitsgeschichte nahezu einmaligen ökonomischen Aufstieg hinter sich, der einige Hunderte Millionen Menschen aus bitterer Armut in die Komfortzone des bescheidenen Mittelstandes geführt hat.

China ist nicht demokratisch, aber undemokratisch wohlhabend geworden.

Dass Demokratie und Wohlstand einander nicht bedingen, zeigt sich an zahlreichen Fällen außerhalb Europas. Singapur und – früher – Südkorea vereinbarten astronomisch hohe Wachstumsraten mit autoritären Herrschaftsformen, die mit Demokratie im westlichen Sinne ungefähr so viel gemeinsam hatten wie der Konfuzianismus mit der katholischen Glaubenskongregation. Auch Staaten wie Vietnam oder Laos belegen, dass Wachstum Demokratie nicht zur Voraussetzung hat.

Besonders gut zu beobachten ist das auch im Oman, wo der dort amtierende Sultan Qabus ibn Sa'id Al Sa'id zwar mit Demokratie nichts am Hut hat, aber das Land mit vergleichsweise mild-autoritärer Herrschaft nun schon lange derart weise führt, dass der Wohlstand (und die Lebenserwartung) seiner Bürger massiv angestiegen ist. Der sogenannte »arabische Frühling« ist am Oman ziemlich spurlos vorübergezogen, jedenfalls im Vergleich zu Libyen, Ägypten oder Syrien. Auch die Russen durften ja die Erfahrung machen, dass ihre materielle Befindlichkeit in den chaotisch-demokratischen Jahren der Ära von Boris Jelzin wesentlich unkomfortabler war, als unter Vladimir Vladimirowitsch Putin, der nicht gerade für übertrieben demokratische Ambitionen bekannt ist.

Wir sehen, dass der Zusammenhang zwischen Demokratie und Wohlstand wesentlich weniger eng ist, als es aus der Perspektive der westeuropäischen Wohlfahrtsstaaten der Nachkriegszeit erscheinen mag. Von praktischer Relevanz für die Politik der westlichen Wohlfahrtsstaaten war diese Erkenntnis bislang freilich nicht. Dass es China schaffte, auch ohne Demokratie Wohlstand und Wachstum zu generieren, war kurios, aber für uns hier im Westen weitgehend irrelevant.

Das könnte sich ziemlich bald ändern. Denn je weiter die Finanz- und Wirtschaftskrise voranschreitet, umso mehr wird die Problemlösungskapazität des demokratischen Betriebssystems auf seine Fähigkeit hin getestet werden, derartige Großkrisen zu bewältigen und dem Souverän notfalls auch eher unerfreuliche Maßnahmen zuzumuten, ohne dass das politische System instabil wird.

Bestehen die westlichen Demokratien diesen Test nicht oder nicht hinreichend und können der Krise zu wenig adäquate Lösungsansätze entgegensetzen, während autoritäre Staaten wie China oder Russland weiterhin robustes Wachstum aufrechterhalten, wird es für die Demokratie unerquicklich. Denn dann werden sich in Europa mit hoher Wahrscheinlichkeit Politiker eines neuen oder vielmehr alten Typus in der Öffentlichkeit fragen, ob nicht auch hierzulande etwas mehr Führung und etwas weniger »Parteiengezänk« wünschenswert wären.

Taumelt der Westen immer tiefer in die selbstverschuldete Schuldenkrise, dräut wohl ein für Europa heute neuartiger Systemwettbewerb herauf, ausgetragen zwischen den Anhängern eher autoritärer, wenig demokratischer Systeme und den verbliebenen Anhängern der Demokratie, wie wir sie kennen.

Wie dieser Wettbewerb ausgeht, ist höchst unsicher. In wirtschaftlich wirklich schlechten Zeiten hat die Demokratie meist keine besonders guten Karten, die gesellschaftlichen Probleme zu lösen.

Das gilt umso mehr, als sie sich seit Ausbruch der Weltwirtschaftskrise 2008 als nicht rasend effizient in der Krisenbewältigung erwiesen hat. Anstatt die unvermeidlichen Wohlstandsverluste, die durch jahrzehntelange Schuldenexzesse unvermeidlich geworden sind, mutig und mit zusammengebissenen Zähnen zuzulassen, und zwar so früh wie möglich, um sie so klein wie möglich zu halten, schob die Politik in den USA wie in der Europäischen Union die Probleme in die Zukunft und vergrößerte sie damit massiv. Aus Angst vor dem Wähler kaufte die politische Klasse Zeit, indem sie die Schuldenkrise mit noch mehr Schulden zu bekämpfen suchte. Das ist ein geradezu klassischer Fall von Demokratieversagen in großem Stil.

Noch sind es vor allem atmosphärische Indizien, die darauf hindeuten, dass die Demokratie im Fall einer weiteren Verschärfung der Krise eher hilflos in der Gegend herumstünde, anstatt energisch und ohne allzu viel Scheu vor dem Risiko unpopuläre, aber notwendige Maßnahmen zu ergreifen.

Hauptursache dieser Entscheidungsschwäche ist, dass die Jessicas und Kevins aller Nationen ihren Politikern recht unmissverständlich signalisieren, dass sie an der Realität nicht wirklich interessiert sind und jeden abzuwählen gedenken, der diese Realität zur Kenntnis nimmt.

IV. Hilfe, mein Wähler verblödet mir unter der Hand – oder: Warum Demokratie ohne kluge Wähler zu unklugen Ergebnissen führt.

Wann hat der Zweite Weltkrieg eigentlich stattgefunden? Nein, keine Details, nicht die genauen Jahreszahlen von Kriegsbeginn und Kriegsende, bloß das richtige *Jahrhundert* des großen Schlachtens. Also, 20. Jahrhundert? 19.? Oder schon früher, im 18. Jahrhundert?

Hm, nicht ganz leicht zu sagen, jedenfalls für so manchen deutschen Studienanfänger mit einem positiven Abiturzeugnis im Rucksack. Zu diesem Ergebnis kommt eine repräsentative Studie über die »Studierfähigkeit« angehender PhilosophiestudentInnen, und damit junger Wähler, an philosophischen Fakultäten deutscher Universitäten 2011. Durchgeführt wurde die Studie von dem Mediävisten Gerhard Wolf, damals Vorsitzender des »Philosophischen Fakultätentages«.

Die Forscher stießen nicht nur auf Abiturienten, die erhebliche Schwierigkeiten haben, den Zweiten Weltkrieg auch nur annähernd chronologisch zuzuordnen. Ebenso bemängelten sie mangelnde Rechtschreibkenntnisse sowie eine unterentwickelte Fähigkeit, sich einigermaßen adäquat zu artikulieren. Studienleiter Wolf in der Wochenzeitung »Die Zeit«: *»Da ihnen die handwerklichen Analyseinstrumente und das historische Kontextwissen oft fehlen, versuchen sie es mit ihren subjektiven Empfindungen. Wenn man aber an Goethes Werther wie an einen Harry-Potter-Roman herangeht, erleidet man schnell Schiffbruch. Generell besteht eine mangelnde Fähigkeit, selb-*

ständig zu formulieren, zusammenhängende Texte selbständig zu schreiben und unterschiedliche Stilregister zu bedienen.«

Zu einem ganz ähnlichen Ergebnis kam auch eine Untersuchung der Freien Universität Berlin über das Geschichtsverständnis deutscher Schüler. Nur jeder dritte Schüler weiß demnach, dass die Berliner Mauer von der DDR gebaut wurde und nicht etwa von der Bonner Regierung. Über 70 Prozent aller Schüler finden es toll, dass in der DDR jeder einen sicheren Arbeitsplatz gehabt hat. Außerdem, meinen die Schüler, sei es der Umwelt dort deutlich besser gegangen als in der Bundesrepublik Deutschland.

Wenn sie älter werden, werden Jessica und Kevin nicht eben politisch klüger. »*Im Umfeld der Bundestagswahl 2002 wussten nur etwas mehr als die Hälfte der deutschen Bundesbürger die korrekte Anzahl der Bundesländer; weniger als 50 Prozent wussten, dass der Zweitstimme im deutschen Wahlsystem eine größere Bedeutung zukommt als der Erststimme. Grundsätzlich nimmt das Wissen über Politik rapide ab, wenn Details beleuchtet oder Fakten über Personen, Organisationen und Institutionen nachgefragt werden, welche vom Bürger in keinem unmittelbaren Zusammenhang zu Fragen der nationalen Politik gesehen werden …*«, schreibt Jürgen Maier in seinem Buch »Politik in der Mediendemokratie«. Das ist aber kein rein deutsches Phänomen, denn auch »*… eine in Amerika gemachte Studie von 1996 zeigt, dass nur 41 Prozent der mehr als 2000* *(politischen, Anm.) Wissensfragen von mindestens der Hälfte der Befragten korrekt beantwortet werden konnten. Der Anteil der Fragen, auf die drei Viertel oder mehr der Befragten eine richtige Antwort wussten, lag sogar bei nur 13 Prozent. Unter den Fakten, die die Probanden nicht beantworten konnten, waren auch zahlreiche Aspekte, die elementar sind um Politik zu verstehen bzw. um effektiv in der Welt der Politik agieren zu können (grundlegende demokratische Spielregeln, klassische Bürgerrechte, Grundbegriffe der Wirtschaftspolitik, Namen von Inhabern wichtiger Ämter, zentrale Partei- und Politikpositionen etc.)«.*

Nicht besser steht es um die intellektuelle Befindlichkeit der jungen Österreicherinnen und Österreicher an der Grenze zum wahlberechtigten Alter. Unternehmer klagen ebenso regelmäßig wie folgenlos, dass es Schulabgängern an den minimalen Kulturtechniken mangle, ohne die Erwerbsarbeit unmöglich ist. Jeder fünfte 15-jährige, berichtet etwa ein österreichischer Industrieller, könne weder richtig lesen noch richtig schreiben. »*Die Dinge, die man früher schon aus der Volksschule kannte, nämlich lesen, schreiben und rechnen können, sind bei 15-jährigen jetzt nur mehr rudimentär anzutreffen. Wir haben Industrieunternehmen, die das erste Jahr damit zubringen, den Kindern diese Grundkulturtechniken wieder beizubringen*«, erklärt Werner Frantsits, Sprecher der Industriellenvereinigung Burgenland.

Dass Industriebetriebe mühselig reparieren müssen, was die Schule und die Eltern vergeigt haben, ist nicht nur für den Wirtschaftsstandort ein grober Nachteil.

»Es ist schon bedauerlich, wenn Studenten unsicher sind, ob der Zweite Weltkrieg im 19. oder 20. Jahrhundert war. Auch die Geschichte des Christentums ist vielen unbekannt. Die Gefahr ist, dass sich dadurch ein Aberglaube und eine antirationalistische Haltung ausbilden«, diagnostiziert Bildungsexperte Gerhard Wolf.

Das gilt natürlich nicht nur für Studenten. Mit antirationalistischen Haltungen des Souveräns ist der demokratische Prozess quer durch die Alterspyramide nicht so zu organisieren, dass er leidlich funktioniert. Denn natürlich können nur einigermaßen verständige Wähler zu einigermaßen vernünftigen politischen Entscheidungen kommen. Wer Schwierigkeiten hat, zu lesen oder zu schreiben oder den Zweiten Weltkrieg im 20. Jahrhundert zu verorten, der wird auch Schwierigkeiten haben, irgendwie sinnhaft für oder gegen den Europäischen Stabilitätsmechanismus (ESM), die Energiewende oder eine NATO-Intervention in einem Bürgerkriegsland und die daraus resultierenden Parteipräferenzen zu votieren.

Demokratie kann nur funktionieren, wenn die Verblödung der Mehrheit ein bestimmtes Ausmaß nicht überschreitet, sonst kippt sie in die Herrschaft der Verblödeten.

Wie weit wir auf diesem Weg fortgeschritten sind, lässt sich sehr schwer vermessen. Wer den politischen

Prozess einigermaßen aufmerksam verfolgt, hat wenig Grund zur optimistischen Annahme, die Denkfähigkeit und Denkfreudigkeit des durchschnittlichen Wählers hielte Schritt mit der zunehmenden Komplexität der Entscheidungen, die der demokratische Prozess zu treffen hat. Selbst wenn sie sich darum bemühen würden, die Vorgänge um sie herum zu verstehen, wären Kevin und Jessica mit diesem heroischen Unterfangen maßlos überfordert. Wer BMW für eine deutsche Automarke mit vier Buchstaben hält, deren erster ein A ist, wird an einer Beurteilung des ESM scheitern müssen.

»*Die Demokratie war eine optimale Form des Regierens, solange die Wähler imstande waren, rationale Entscheidungen zu treffen, indem sie verstanden, was jeweils auf dem Spiel stand und bereit waren, die Konsequenzen ihrer Entscheidung zu tragen. Nun jedoch kann man den Eindruck nicht loszuwerden, dass demokratische Gesellschaften sich schnell in Ochlokratien (Pöbelherrschaft, Anm.) verwandeln, wo die große Mehrheit der Bürger, die ihre Rechte als gegeben und ihre Pflichten als nicht vorhanden empfinden, von Propaganda verführt und von Spektakeln abgelenkt, entweder unfähig oder unwillig sind, die Zeit und Energie aufzubringen, die notwendig sind, um ein verantwortlicher, demokratischer Akteur zu sein,*« diagnostizierte in diesem Kontext jüngst der renommierte russische Ökonom Vladislav Inozemtsev in der Zeitschrift »The American Interest« (Ausgabe 04/2012, S. 39).

Dass die Demokratie notorisch gefährdet ist, in die Ochlokratie, also die Herrschaft des Pöbels, abzugleiten, ist der Philosophie seit den Tagen der Athener Demokratie geläufig. Man kann das durchaus auch als eine, möglicherweise nur sehr schwer zu vermeidende, Form der Degeneration beschreiben, ausgelöst unter anderem durch eine Bildungs- und Erkenntnisverweigerung breiterer Bevölkerungsschichten. Aus Arbeitern, die sich emanzipieren und weiterbilden wollen, werden Proleten, die an ein Menschenrecht auf den Mallorca-Urlaub glauben. Willkommen in der Welt der Prolokratie!

Eine zentrale Rolle spielt dabei natürlich das Bildungssystem. »*Viele Lehrer vermitteln keinen Stoff mehr, sondern sie stimulieren die Interaktion der Schüler. Das widerspricht nicht nur dem gesunden Menschenverstand, sondern auch der Erfahrung jedes produktiven Menschen, dass Kreativität die Freiheit voraussetzt, sich von seinem Gegenstand beherrschen zu lassen*«, notiert der Medientheoretiker Norbert Bolz in seinem klugen Essay »Die ungeliebte Freiheit«.

Wenn Lehrer aber keinen Stoff mehr vermitteln, oder jedenfalls nicht ausreichend schwierigen und anspruchsvollen, sondern vor allem die sozialen Talente ihrer Schüler befördern, entsteht eine negative Spirale. Ein nicht hinreichend gebildeter Souverän, der die Schule selbst als leistungsfernen Ponyhof erlebt hat, wird im Zweifel stets für ein noch kuscheligeres Schulsystem votieren, in dem Leistung als Zumutung und Wissen als entbehrlicher Zierrat verstanden werden.

Ein besserer Dünger für das Entstehen einer Prolokratie ist kaum vorstellbar. Ein zur Selbstinfantilisierung neigender Souverän wird keinerlei Schwierigkeiten damit haben, ein Gemeinwesen demokratisch in die Pleite zu wählen.

V. Die Prolokratie und ihre Medien – oder: Der Souverän amüsiert sich zu Tode.

Giovanni di Lorenzo ist einer der erfolgreichsten Journalisten Deutschlands. Unter seiner Führung entwickelte sich die Auflage des Hamburger Intelligenzblattes »Die Zeit« recht gedeihlich, was angesichts der dort publizierten, oft eher anspruchsvollen Texte ja nicht eben selbstverständlich ist.

Trotzdem ist es auch für Blattmacher di Lorenzo ein gewisses Risiko, seiner gebildeten Leserschaft allzu viel von dem vorzusetzen, was man eigentlich für das geistige Grundnahrungsmittel intelligenter Zeitungsleser halten würde: das analytische Aufbereiten aktueller politischer Themen. »*Weder mit dem arabischen Frühling noch mit der Eurokrise oder dem Libyen-Einsatz konnte Print am Kiosk einen Blumentopf gewinnen*«, bekannte der Chefredakteur in einem Interview mit der »Berliner Zeitung«. »*Auf die Frage, warum das so ist, haben wir noch keine überzeugende Antwort gefunden. Für politische Blätter ist das eine unglaubliche Herausforderung*«, erklärt der Blattmacher.

Di Lorenzo begegnet dieser Herausforderung gelegentlich, indem er die Titelseite der »Zeit« mit zeitgeistigen Lifestyle-Themen attraktiv macht, etwa mit Aufmachern wie »Yoga mit Jesus« oder »Die Wahrheit über unsere Träume«. In der nicht eben von mangelndem Selbstbewusstsein geplagten Redaktion sorgt das gelegentlich für Diskussionen, aber es hilft, eine politische Wochenzeitung und damit die politischen Texte am Kiosk auch weiterhin zu verkaufen.

Wesentlich härter zu kämpfen haben mit diesem Phänomen Medien, deren Leserschaft nicht so bildungsnah ist wie jene von Di Lorenzos »Zeit«, also die meisten außer dem Fernsehsender »arte«. Politik kann da bestenfalls noch als Konflikt von Personen verkauft werden. Sachpolitik zu analysieren und so für den Wähler entscheidungsreif aufzuarbeiten, bedeutet publizistischen Selbstmord mit Anlauf zu begehen. Dergleichen liegt üblicherweise wie Blei am Kiosk.

Dass Politik, und ganz besonders Sachpolitik, jenseits persönlicher Auseinandersetzungen, von Medienkonsumenten in der Regel als außerordentlich langweilig und uninteressant empfunden werden, ist nicht nur für politische Medien ein Problem. Es wirkt sich auch auf den demokratischen Prozess aus, wie ein vom Mechaniker vergessener Schraubenschlüssel auf das Innere eines Formel-1-Motors. Wenn sich der Wähler nicht mehr über politische Zusammenhänge und Sachverhalte in ausreichendem Maße schlau machen kann und/oder will, vermag er auch keine informierte politische Entscheidung zu treffen. Dann droht der demokratische Prozess zu entgleisen.

Wer wählen will, muss lesen. Das kann als einer der obersten Grundsätze der Demokratie gelten. Wer keine oder die falschen Printmedien liest, kann in der Wahlkabine genauso gut würfeln. Das Funktionieren einer demokratischen Gesellschaft ist daher eng an das Funktionieren der Medien gebunden.

Wenn das stimmt, befindet sich die Demokratie derzeit in einer nicht erfreulichen Lage. Mehr denn je gilt im Mediengeschäft, was Karl Kraus vor fast einem Jahrhundert beobachtet hat: *»Je größer der Stiefel, umso höher der Absatz«*. Ein Blick auf den Zeitungskiosk einer beliebigen Stadt belegt diesen Befund ebenso eindrucksvoll, wie eine Stunde Fernsehkonsum. So viel Blödheit war noch nie da.

Jeder Blattmacher, gleich ob in einer Tageszeitung oder einem Magazin, kennt den umgekehrt proportionalen Zusammenhang zwischen der Relevanz eines Themas und den damit gemeinhin zu erreichenden Verkaufszahlen. Der drohende Zusammenbruch der Europäischen Union, die Revolutionen im Nahen Osten oder der Aufstieg Chinas mögen den Verlauf der Weltgeschichte ändern, dem Leser geht das in den meisten Fällen am Arsch vorbei.

Wer als Medienmensch relevante Themen für relevant hält, der riskiert, sein Medium in die Irrelevanz zu führen. Das Ergebnis ist meist eine Verflachung der Berichterstattung in einem Maß, das Holland gebirgig erscheinen lässt.

Deshalb gibt es ja auch wesentlich mehr Magazinaufmacher über Rückenschmerzen als über die Finalität der Europäischen Union.

»Innenpolitische Leitartikel, sorgfältige Analysen oder gar fundierte Kritik sind äußerst selten geworden. Landesweit bekannte, geschätzte und viel zitierte Journalisten sind mir kei-

ne mehr bekannt. Im Schweizer Fernsehen ist das Kurzfutter ein üblicher Stoff im Bereich ›Information‹ geworden. Im Programm maßgebend in den Vordergrund getreten sind ›Glanz und Gloria‹, seichte Publikumsspiele, Castingshows sowie ausgiebige Berichterstattung über Cervelat-Prominenz. International haben Sterneköche und Fußballresultate vorhersagende Kraken das Zepter übernommen.

Zu Themen von öffentlichem Interesse gibt es kaum sorgfältige, in die Tiefe gehende Darstellungen. Talkshows und Arena nehmen als schmalbrüstiger Ersatz Alibifunktionen wahr. Es wird über etwas diskutiert, für das dem Publikum die grundlegende Information fehlt. Verlautbarungen von Amtsstellen werden vollständig unkritisch weiterverbreitet. Kritische Untersuchungen und Bewertungen finden nicht statt. Beides wäre aber notwendig, sagte doch der amerikanische Gründervater Thomas Jefferson: ›Argwohn, nicht Vertrauen, ist die Grundlage der Demokratie.‹

Wenn schließlich das Kurzfutter in Pendlerzeitungen von Tamedia-Verleger Pietro Supino als ›Information‹ bezeichnet wird, sträubt sich in einem alten Journalisten wie mir alles. In diesen Medien variieren allenfalls noch die Auswahl, die Zusammenstellung sowie die Illustration der Meldungen. Ihr Inhalt dagegen ist zumeist bloße Industrieware mit Verfallsdatum von gestern, über einen einzigen Leisten geschlagen, die allenfalls gerade noch knapp der Ablenkung des Bourgeois während weit weniger als 20 Minuten zu dienen vermag«, diagnostizierte der schweizerische Journalist Ludwig A. Minelli in der »Zeit«, was nicht nur in der Schweiz die Demokratie unterminiert. *»Als am Wohlergehen unseres Gemeinwesens interessierte Staatsbürgerinnen und Staatsbürger, als Citoyens, stehen wir vor einem durchaus unerfreulichen Phänomen: Aus den Medien, egal ob gedruckt, gesprochen oder als Fernsehbeiträge verbreitet, quillt vorwiegend nur noch Geschwätzigkeit. Basisinformation, Wissen oder fundierte Kritik jedoch fehlen weitgehend. Damit fehlt der Öffentlichkeit die Grundlage, um sich sachkundig um die res publica kümmern zu können.«*(Minelli)

»Wir amüsieren uns zu Tode«, hatte der amerikanische Medientheoretiker Neil Postman bereits 1985 in einem gleichnamigen Buch behauptet. Dieser Prozess der kollektiven Verblödung hat seither enorme Fortschritte gemacht. Was Postman vor einem Vierteljahrhundert beschrieben hat, ist heutzutage geradezu ins Monströse metastasiert. Die Ablöse der inhaltsorientierten Medien durch unterhaltungsorientiertes Gequake, das Verdrängen des Wortes durch das Bild, der Übergang vom »Zeitalter der Erörterung« zum »Zeitalter des Entertainments« und das Ersetzen des Erkenntnisstrebens durch das Streben nach Zerstreuung – all das sind sichtbare Merkmale einer ehemals demokratischen Gesellschaft, die sich als Prolokratie neu organisiert hat.

Dass große Verlagshäuser des deutschen Sprachraums heute deutlich mehr verlegerische Energie, journalistische Kapazität und finanzielle Ressourcen in den Themenkomplex »Leben auf dem Lande« investieren als in den klassischen Investigativjournalismus, deutet an, dass diese Entwicklung in eine Art Selbstmarginalisierung des Medienbetriebes führt. Neil Postman hat darin mit Recht und noch mehr Weitblick eine Gefahr für die Demokratie gesehen: »*Wenn ein Volk sich von Trivialitäten ablenken lässt, wenn das kulturelle Leben neu bestimmt wird, als eine endlose Reihe von Unterhaltungsveranstaltungen, als gigantischer Amüsierbetrieb, wenn der öffentliche Diskurs zum unterschiedslosen Geplapper wird, kurz, wenn aus Bürgern Zuschauer werden und ihre öffentlichen Angelegenheiten zur Varieté-Nummer herunterkommen, dann ist die Nation in Gefahr – das Absterben der Kultur wird zur realen Bedrohung.*«

Die Auswirkungen, die das auf den politischen Prozess in der Mediendemokratie hat, sind, wenn man einen guten Magen hat, tagtäglich zu besichtigen. Willkommen in der Prolokratie!

Wenn Erörterung durch Entertainment ersetzt wird und Erkenntnisstreben durch Zerstreuung, so tritt die Emotion an die Stelle der Ratio. Politik wird so in vielen Fällen ersetzt durch »Politik der Gefühle« (so der österreichische Schriftsteller Josef Haslinger), in der es nicht mehr darum geht, die Wirklichkeit zu verändern, sondern das Ziel ist, beim Wähler das Gefühl zu erzeugen, die Wirklichkeit verändern zu wollen.

Den Medienunternehmen die Schuld für diese Entwicklung zuzuweisen, an der die Demokratie letztlich zerbrechen könnte, ist ebenso beliebt wie blödsinnig.

Denn auch Medienunternehmen sind letztlich nicht jene erlauchten Agenten der Aufklärung, als die sie sich gelegentlich gerieren, sondern eben Unternehmen. Ihre primäre Geschäftsgrundlage ist nicht die Verbesserung der Welt, sondern das Erzielen von Profit. Alles andere ist Gewäsch für Laudationen zum Geburtstag in Ehren ergrauter Chefredakteure.

Deshalb versuchen sich Medien im Regelfall genauso nach den Wünschen, Bedürfnissen und Sehnsüchten ihrer Kunden zu richten wie H&M, McDonald's oder VW. Sie wünschen, wir spielen. Wenn die Kundschaft lieber über Landleben liest als über Libyen, dann gibt es eben Landleben statt Libyen.

Ob in einer Demokratie Medien noch imstande sind, die für den demokratischen Prozess zwingend notwendigen Informationen, Argumente und Analysen zu liefern, oder ob sie sich als Teil der Unterhaltungsindustrie verstehen und die Bezeichnung »Vierte Gewalt« nur noch als Traditionsabzeichen tragen wie die greisen Weltkriegsveteranen ihr Ritterkreuz, entscheiden daher nicht Medienmogule oder Medienpolitiker, sondern der Kunde. Nur er bestimmt letztlich bei der täglichen Abstimmung am Kiosk, mit der Fernbedienung oder am Tablet-PC, den Content von Medien.

Letztlich entscheiden also Jessica und Kevin darüber, was am Kiosk und am Bildschirm angeboten wird.

Und genauso sieht dieses Angebot ja auch aus. Übrigens auch das politische Personal. Wo Jessica und

Kevin nach allen möglichen, nur nicht sachbezogenen Argumenten ihre Stimme abgeben, verhalten Politiker sich so, wie Politiker sich heute eben verhalten. Sie sind nicht von einer Meinung geleitet, sondern von einer Meinungsumfrage. Hauptsache ist, sie sind möglichst medienkompatibel. *»Das politische Personal unterliegt in der modernen Parteiendemokratie einer Negativauslese, die nun seit Jahrzehnten wirkt. Entsprechend sind die Ergebnisse«*, urteilt der deutsche Publizist André F. Lichtschlag, Herausgeber des Magazins »Eigentümlich Frei«. *»Nicht einmal mehr die Show ist gut, sondern eben nur noch abstoßend. Wie sagte unser Österreichischer Autor Andreas Tögel jüngst so schön: ›Die politische Klasse rangiert hinsichtlich ihrer Wertschätzung auf dem Niveau von Hütchenspielern, Zuhältern und Karussellbremsern.‹ Welcher moralisch integre Mensch sucht sich einen Beruf, in dem er mit billigen Versprechungen auf andererleuts Kosten hausieren geht? Wer tut sich die Ochsentour in nächtelangen Klüngelsitzungen mit sogenannten Parteifreunden an? Ausnahmen bestätigen immer die Regel, aber wenn wir uns die Parteiführungen so anschauen, dann sind wir wohl langsam beim allerletzten Aufgebot angekommen, der Karikatur einer ursprünglichen Elite. Wie kann man da nicht politikverdrossen sein? Und das, ganz ohne überhaupt von den Inhalten zu reden, von den ständig zunehmenden Eingriffen der Politik in die persönlichen Angelegenheiten, von den Interventionsspiralen, steigenden Abgaben, Verschuldungsorgien und so weiter.«* Damit droht die Demokratie einer Art von innerem

Zersetzungsprozess ausgesetzt zu werden. Wenn sich der Souverän, getrieben von einer Sehnsucht nach kollektiver, infantiler Regression, bloß noch amüsieren, aber nicht mehr informieren will, wird der demokratische Entscheidungsfindungsprozess dysfunktional. Er funktioniert dann nicht mehr wissensbasiert, sondern bloß noch gefühlsorientiert. Gewählt wird, wer fesch ist, wer an die richtigen Emotionen appelliert oder die bessere Werbeagentur beschäftigt.

Zu befürchten ist, dass sich diese Tendenz noch weiter verschärfen wird. Denn auch das Internet und seine quantitativ nahezu unbegrenzten Informationsangebote führen nicht wirklich dazu, dass der Wähler sich spätabends über die Vor- und Nachteile der nächsten Novelle des Sozialversicherungsrechts und die unterschiedlichen Ansichten der Parteien dazu schlau macht, sondern das Internet potenziert im Wesentlichen das Angebot, sich zu zerstreuen. Dazu kommt, dass im World Wide Web die sogenannte »Gatekeeper-Funktion« hochwertigen Journalismus teilweise entfällt. In diesem informatorischen Feuchtbiotop kann der Wähler in vielen Fällen nicht unterscheiden, was Dichtung ist und was Wahrheit.

Und so entscheidet er sich dann auch.

Auch das trägt nicht eben dazu bei, das Funktionieren des demokratischen Prozesses zu gewährleisten.

VI. Demokratie kann Unfreiheit bringen – oder: Die Freiheit, jedermanns Sklave sein zu dürfen.

Für die meisten Bewohner westlicher Wohlfahrtsstaaten gehören Demokratie und Freiheit so eng und unauflöslich zusammen wie Strand und Sonne. Demokratien bringen nach allgemeiner Ansicht Freiheit, und Freiheit schafft automatisch Demokratie.

Wir haben es hier mit einem der populärsten Irrtümer zu tun, den die Ideengeschichte hervorgebracht hat. Denn demokratische Mehrheitsentscheide taugen zur Beschneidung von Freiheit genauso gut wie zum Erzeugen von Freiheit. Das ist eine gut verdrängte Nebenwirkung des demokratischen Prozesses.

Fragen wir zum Beispiel einen schwulen Mann, der in den 1960er oder 1970er Jahren in den durch und durch demokratischen Staaten Deutschland und Österreich gelebt hat, ob er die dort ganz demokratisch zustande gekommenen Gesetze gegen Homosexualität, Knast für Schwule inbegriffen, wirklich für einen persönlichen Zugewinn an Freiheit gehalten hat.

Fragen wir zum Beispiel einen heute in der superdemokratischen Schweiz lebenden Moslem, ob er das über ein demokratisches Mehrheitsvotum herbeigeführte »Minarettverbot« tatsächlich als Bereicherung seiner (religiösen) Freiheit empfindet. Auch dass Frauen in manchen Kantonen der Schweiz bis in die 1970er Jahre hinein nicht wahlberechtigt waren, natürlich streng demokratisch legitimiert, wird man nicht unbedingt als Ausdruck besonderer Freiheitsliebe des demokratischen Souveräns verstehen können.

Fragen wir zum Beispiel einen leidlich gut verdienenden österreichischen Steuerzahler, ob er die demokratisch zustande gekommenen Gesamtabgabenlast von bis zu 70 Prozent (inklusive den unsichtbaren Einkommensteuern, der Mehrwertsteuer und anderen Abgaben) als besonderen Ausdruck seiner persönlichen Freiheit versteht, über den von ihm erwirtschafteten Wohlstand auch selbst entscheiden zu können, oder ob da nicht in Wahrheit eine Mehrheit durch einen demokratischen Prozess die Ausplünderung einer Minderheit betreibt.

Fragen wir zum Beispiel einen Bewohner des Gazastreifens, der wegen seiner politischen oder religiösen Absichten von der regierenden, terroristischen Hamas gefoltert wird, ob er die demokratisch gewählte Hamas-Regierung wirklich als Garanten seiner persönlichen Freiheit versteht.

Die Antwort wird wohl immer die gleiche sein. Was demokratisch beschlossen wurde, muss nicht immer der Freiheit dienen. Demokratie kann für den Einzelnen durchaus zu Unfreiheit führen.

»*Demokratie heißt Herrschaft des Demos, also Volksherrschaft, und die ist, nimmt man den Begriff in seiner prägnanten Bedeutung, nicht unbedingt erfreulich,*« meint der Wiener Philosoph Rudolf Burger, ... *denn reine Demokratie hat ihren Fluchtpunkt nicht in der Freiheit, in deren Namen sie propagiert wird, sondern in Diktatur und Terror. Die gesamte klassische Staatstheorie hat das gewusst, von Platon über*

Kant bis Hegel, nur die heutige Politik-Rhetorik hat es vergessen gemacht. Deshalb redet man von Populismus, will man die negativen Züge der Demokratie hervorheben. Doch der Begriff Populismus ist bloß die latinisierte Form von Demokratismus. Und der Populist ist die moderne Gestalt des Demagogen, der sein Vorbild hat an Perikles, dem größten aller Demagogen. Wenn legitime Herrschaft tatsächlich ›vom Volk‹ ausgeht, und nur von ihm ohne nähere Qualifikationen, dann gibt es kein wie immer geartetes Kriterium, diese Herrschaft zu begrenzen – jedes Gesetz, jede Verfassung, jeder ›Gesellschaftsvertrag‹, das heißt, jede Selbstbindung des Volkes, steht grundsätzlich immer zu seiner Disposition. Die Souveränität des Volkes kennt kein Jenseits, dessen normativer Kraft es unterworfen wäre, und jede eigene Entscheidung kann es revidieren; deshalb auch die Fragwürdigkeit von ›Grundwertekatalogen‹, die immer so tun müssen, als seien sie der Geschichte entzogen, was der Idee der Demokratie frontal widerspricht. Eine Grenze findet die Souveränität nur in der von anderen Völkern, aber das sind Machtfragen immanenter Natur, keine einer transzendent begründeten Moral, auch keine demokratischen Ursprungs.« (R. Burger, »Das Risiko der modernen Demokratie«, 2006)

Dass Freiheit und Demokratie gleichsam siamesische Zwillinge sind, ist also ganz offensichtlich ein herziger Irrglaube. Garantiert wird Freiheit häufig eben gerade nicht vom Prinzip der Herrschaft der Mehrheit über die Minderheit, sondern ganz im Gegenteil von der Einhegung des demokratischen Prinzips durch

Normen, über die nicht abgestimmt werden kann. Das sind Menschenrechte, Minderheitenrechte und die Herrschaft des Rechtes im Allgemeinen.

Dass Demokratie und Freiheit gelegentlich sogar Antagonisten werden können, demonstrieren die Ereignisse des sogenannten »arabischen Frühlings« vortrefflich. Denn ob der demokratische Prozess im Bogen zwischen Marokko und Syrien nicht nur die demokratische »Herrschaft der Mehrheit über die Minderheit«, sondern auch einen Zugewinn an Freiheit bringen wird, muss sich erst weisen. Grund für Optimismus gibt es bislang eher nicht.

Das hängt in hohem Maße mit den Werten zusammen, die von der demokratischen Mehrheit in dieser Gegend vertreten werden. So waren etwa 80 Prozent der Ägypter in einer repräsentativen Umfrage im Jahr 2010 der Meinung, dass Dieben die Hand abgeschlagen werden muss, Ehebruch mit Steinigung gesühnt und Konvertiten, die vom Islam abfallen, hingerichtet werden sollen. 95 Prozent der Befragten hielten gar *»einen starken Einfluss des Islam auf die Politik«* für wünschenswert.

Man braucht keine allzu blühende Fantasie zu haben, um sich vorzustellen, dass die streng demokratische Umsetzung dieser Wünsche einer offenkundig übergroßen Mehrheit der ägyptischen Bevölkerung nicht wirklich zu einem Mehr an Freiheit führen würde. Freiheit wird Ägypten hingegen haben, wenn eben nicht demokratisch über Steinigung von Ehebrechern und Hängen von Konvertiten abgestimmt werden kann.

Dass die Herrschaft der Mehrheit der Kevins und Jessicas über die Minderheit außerordentlich schief gehen kann, war übrigens für die meisten Philosophen, Staatsmänner und Intellektuellen vom antiken Griechenland bis tief in die Moderne hinein völlig unumstritten. Schon Aristoteles rechnete sie den *»entarteten«* Herrschaftsformen zu, und der Römer Cicero urteilte: *»Es gibt keine andere Regierungsform, der ich eher den Titel Gemeinwesen vorenthalten würde, als einer, in der alles der Macht von Mehrheiten unterworfen ist. ... Bei einer solchen Versammlung ... handelt es sich ebenso gewiss um einen Tyrannen, als wenn es nur eine einzelne Person wäre, und einen sogar noch grausameren Tyrannen, denn es gibt nichts Schrecklicheres als jenes Monster, das fälschlicherweise den Namen und die Erscheinung eines Volkes annimmt.* (aus: De Republica).

Ganz ähnlich skeptisch urteilte im dreizehnten Jahrhundert der Philosoph Thomas von Aquin: *»Wenn aber die ungerechte Regierung von vielen geführt wird, so heißt das Demokratie, das ist Volksherrschaft, in der die breite Masse durch die Macht ihrer Überzahl die Reichen unterdrückt. Dann wird das ganze Volk wie ein einziger Tyrann sein.«*

Weil sie Demokratie nicht für einen Garanten der Freiheit, sondern ganz im Gegenteil für eine Bedrohung der Freiheit hielten, bauten ja auch die Gründerväter der Vereinigten Staaten, da ganz in der Tradition von Aristoteles, Cicero und Thomas von Aquin stehend, ihr junges Gemeinwesen nicht demokratisch, sondern vor allem republikanisch auf. Erst unter dem siebenten Präsidenten der Vereinigten Staaten (Andrew Jackson) wurde das Wahlrecht für alle männlichen Amerikaner eingeführt. Bis dahin durften nur die Besitzenden wählen. Amerika wurde nicht als Demokratie, sondern als aristokratische Republik gegründet.

Wie sehr die Gründerväter in Wirklichkeit der Demokratie misstrauten, beschreibt der Wiener Philosoph Rahim Taghizadegan in seinem eleganten Essay »Demokratie« treffend: »... *Die US-Gründerväter waren allesamt dezidierte Antidemokraten. Nicht weil sie durchwegs von bösartigen Intentionen getrieben waren, ganz im Gegenteil. Ihr Studium der Geschichte ließ sie bei dem historisch einmaligen Vorgang einer Neubegründung eines Staatswesens auf der tabula rasa eines riesigen Kontinents mit noch vielen leeren Flecken größte Vorsicht an den Tag legen.*

In Übereinstimmung mit fast allen historischen Denkern von Rang schlossen die Gründerväter, dass eine Demokratie allenfalls in kleinen, lokalen Gemeinwesen funktionieren kann und selbst dort stets in größter Gefahr steht, ins Unrecht zu kippen. ... Entsprechend wurden die Verfassung und die jungen Institutionen gezielt darauf ausgerichtet, eine Demokratie zu verhindern. Dass eines Tages die bloße Mehrzahl durch zufällige Mehrheiten auf kontinentaler Ebene als gleichförmiger Moloch die Geschicke des Landes regieren würde, galt als Schreckgespenst. Vieles erinnert heute noch an diese Konstruktion einer Republik, wird heute aber nicht mehr verstanden und als seltsames Fossil belächelt – etwa die komplizierte Struktur der Wahlmänner.«

Ganz ähnliche Skepsis hat noch 1896 der schwedische Ökonom Knut Wicksell artikuliert, nicht ganz zu Unrecht, wie gerade die schwedische Geschichte des 20. Jahrhunderts belegt: »*Wenn einmal die unteren Klassen definitiv in Besitz der gesetzgebenden und steuerbewilligenden Gewalt gelangt sind, wird allerdings die Gefahr vorliegen, dass sie ebenso wenig uneigennützig verfahren werden wie die Klassen, welche bisher die Macht in den Händen hatten, dass sie m.a.W. die Hauptmasse der Steuern den besitzenden Klassen auferlegen und dabei vielleicht in der Bewilligung der Ausgaben, zu deren Bestreitung sie selbst nunmehr nur wenig beitragen, so sorglos und verschwenderisch verfahren, dass das bewegliche Kapital des Landes bald nutzlos vergeudet und damit die Hebel des Fortschritts zerbrochen sein werden.*« (»Über ein neues Prinzip der gerechten Besteuerung«)

Es ist nicht nur die Herrschaft der Mehrheit über die Minderheit, die in Demokratien die Freiheit des Individuums zu drangsalieren droht. Es ist auch die dem demokratisch organisierten westlichen Wohlfahrtsstaat offenkundig immanente Neigung, sich in das Leben des Einzelnen einzumischen und regelmäßig Freiheitsräume einzuengen und zurückzudrängen.

Dabei scheint es sich um eine Naturgesetzlichkeit des demokratischen Betriebssystems zu handeln.

Denn die Mehrheit der Kevins und Jessicas findet es völlig normal, bei jeder Beeinträchtigung ihres Wohlempfindens nach dem Staat zu rufen, damit er jene Beeinträchtigung beseitigt und das gewohnte Komfortniveau wiederherstellt, und zwar möglichst flott. Wie die verzogenen Kinder einer reichen Familie pflegen die Insassen der demokratischen Wohlfahrtsstaaten den Staat als eine Art stets verfügbarer Macchiato-Mami zu verstehen, der man mit etwas Gequengel jederzeit abtrotzen kann, wonach einem gerade der Sinn steht.

Dem Staat kommt dieses infantile Verhalten des Wählers völlig zupass. Es gibt ihm einen perfekten Grund, sich immer weiter auszubreiten und immer größere Anteile des von manchen Wählern geschaffenen Wohlstands zu krallen. Schließlich muss er ja »für Gerechtigkeit« sorgen und »sozialen Ausgleich« herstellen.

Deshalb sind in den Demokratien während der vergangenen Jahrzehnte die Staatsausgaben (in Prozent vom Bruttosozialprodukt) auch überall dramatisch angestiegen. In den USA etwa von 7,5 Prozent im Jahre 1913 auf 42,2 Prozent im Jahr 2009, in Deutschland von 14,8 Prozent auf 47,6 Prozent, in Österreich von

17 Prozent auf 52,3 Prozent und in Schweden von 10,4 Prozent auf 52,7 Prozent.

Wenn aber der vom Staat kontrollierte Anteil am von seinen Bürgern geschaffenen Wohlstand derart dramatisch ansteigt, nimmt die Freiheit des Einzelnen rapide ab, über seinen Wohlstand selbst zu verfügen. Mehr Demokratie bedeutet daher wenigstens in diesem Zusammenhang gerade für den produktivsten Teil der Bevölkerung eine Einbuße an Freiheit. Deshalb wird überall dort, wo die Mehrheit diesen Prozess extrem betreibt, wie etwa im Schweden der 1970er Jahre, eine Flucht der produktiven Bevölkerungsschichten in andere Länder beginnen.

Mit diesem demokratisch herbeigewählten steten Zuwachs staatlicher Kontrolle über das von seinen Bürgern Erarbeitete steigt auch die Neigung des demokratischen Staates, immer mehr Lebensbereiche des Einzelnen zu reglementieren, zu überwachen und zu steuern. Deshalb dürfen die Bürger der europäischen Demokratien heute zwar nicht mehr selbst darüber entscheiden, welche Glühbirnen sie in ihrem Schlafzimmer verwenden, sehr wohl aber, welche Partei sie in ihr Parlament wählen. Nur Zyniker werden behaupten, darin spiegle sich die Einschätzung der europäischen Eliten wider, welche Entscheidungen sie für relevant halten und welche nicht.

Diese Neigung, die Freiheit des Einzelnen in seinem vermeintlich eigenem Interesse systematisch zurückzudrängen, ist zwar keine Spezialität der EU, doch in diesem stark vom französischen Etatismus und Dirigismus geprägten Milieu der europäischen Demokratie gedeiht sie ganz besonders prächtig.

Besonders elegant hat das der deutsche Publizist Hans Magnus Enzensberger in seinem Text »Das sanfte Monster Brüssel« beschrieben: »*Immerhin kann sich die Europäische Union aber einer Herrschaftsform rühmen, für die es kein historisches Vorbild gibt. Ihre Originalität besteht darin, dass sie gewaltlos vorgeht. Sie bewegt sich auf leisen Sohlen. Sie gibt sich erbarmungslos menschenfreundlich. Sie will nur unser Bestes. Wie ein gütiger Vormund ist sie besorgt um unsere Gesundheit, unsere Umgangsformen und unsere Moral. Auf keinen Fall rechnet sie damit, dass wir selber wissen, was gut für uns ist; dazu sind wir in ihren Augen viel zu hilflos und zu unmündig. Deshalb müssen wir gründlich betreut und umerzogen werden.*

Wir rauchen, wir essen zu viel Fett und Zucker, wir hängen Kruzifixe in Schulzimmern auf, wir hamstern illegale Glühbirnen, wir trocknen unsere Wäsche im Freien, wo sie nicht hingehört. Wo kämen wir hin, wenn wir selbst entscheiden könnten, wem wir unsere Wohnung vermieten wollen! … Wer sonst als die Kommission soll darüber befinden, wie der europäische Zahnersatz oder die europäische Kloschüssel auszusehen haben? Wäre nicht ein heilloses Durcheinander zu befürchten, wenn über solche Fragen in Stockholm oder London statt in Brüssel entschieden würde? Wo kämen wir hin, wenn sich am Ende irgendein Magistrat darüber Gedanken mach-

te, nach welchen Vorgaben in seiner Gemeinde Busse und U-Bahnen fahren? Solche Extratouren dürfen auf keinen Fall geduldet werden. Die Europäische Union weiß alles besser als wir.

Sie herrscht nicht durch Befehl, sondern durch Verfahren. Zum Glück verfügt sie weder über eine Armee noch über eine eigene Polizei; soweit wir wissen, unterhält sie bisher nicht einmal einen Geheimdienst, der CIA, BND und FSB das Wasser reichen könnte. Schon deshalb verbietet sich der Vergleich mit autoritären Regimes. Die Union sieht ihre Aufgabe nicht darin, ihre Bürger zu unterdrücken, sondern darin, alle Lebensverhältnisse auf dem Kontinent möglichst lautlos zu homogenisieren. Hier wird nicht an einem neuen Völkergefängnis gebaut, sondern an einer Besserungsanstalt, der die gütige, aber strenge Aufsicht über ihre Schutzbefohlenen obliegt. Im Idealfall soll das Leben ihrer Zöglinge von einer paragrafenreichen Hausordnung, die von der Festlegung des Wohngeldes bis zum gesunden Speiseplan reicht, zentral geregelt und normiert werden.«

Nun könnte man dagegen einwenden, dass eine Gesellschaft, die drauf und dran ist, sich demokratisch »*zu Tode zu amüsieren*«, in der die Kevins und Jessicas »*BMW für eine deutsche Automarke halten, die mit A beginnt*«, wahrscheinlich einigen Grund hat, sich als eine Art milde, aber unerbittliche, soziale Besserungsanstalt zu organisieren.

All jene, die nicht wirklich dieser systematischen Bevormundung bedürfen, weil sie es vorziehen, ihr

Leben frei und selbstbestimmt zu gestalten und zu organisieren und auch bereit sind, dafür die entsprechenden Risiken zu tragen, haben wohl einfach Pech gehabt.

Reservate des freiheitlichen Individualismus sieht die Prolokratie nämlich nicht vor: *»Demokratie heißt, jedermanns Sklave sein zu dürfen.«* (Karl Kraus)

VII. Glücklich, aber undemokratisch – oder: Was, wenn die Mehrheit jemanden steinigen will?

Im Jahr 1992, also drei Jahre nach dem Fall der Berliner Mauer und der anschließenden Implosion des Kommunismus in Osteuropa und der Sowjetunion, erschien in den USA ein schmales Buch, dessen zentrale These damals ebenso brillant wie überzeugend schien. Sie lautete *»Das Ende der Geschichte«*.

Dieses sei mehr oder weniger erreicht worden, so sein Autor Francis Fukuyama, weil nach dem Fall des Kommunismus auch der Wettbewerb der politischen Betriebssysteme ein für alle Mal entschieden sei. Und zwar zugunsten der liberalen Demokratie nach westlichem Muster, eng verbunden mit Rechtsstaat und freier Marktwirtschaft.

Früher oder später, so Fukuyamas überzeugend klingendes Argument, würden alle Völker der Welt diese Regierungsform übernehmen. Und zwar schlicht und ergreifend, weil sie sich als die beste und allen Alternativen haushoch überlegene erwiesen hat.

Das Ende der Geschichte eben.

Jetzt, zwanzig Jahre später, wirkt die These Fukuyamas nicht mehr wirklich valid. Dass tatsächlich die überwältigende Mehrheit der Bewohner dieses Planeten die westliche Demokratie für die erstrebenswerteste aller Regierungsformen hält, glauben vor allem die Bewohner der westlichen Demokratien.

Daneben existieren freilich eine ganze Reihe anderer politischer Betriebssysteme, die möglicherweise noch sehr lange, vielleicht gar auf unbestimmte Zeit, keine Anstalten machen werden, sich zur Demokratie, wie wir sie kennen, bekehren zu lassen. Ganz im Gegenteil: Wenn es blöd läuft, hat der globale Demokratisierungsprozess seine besten Zeiten schon wieder hinter sich. Peak Democracy, sozusagen. »*Wir dachten, die Demokratie sei der Endpunkt menschlicher Entwicklung*«, fürchtet der Zukunftsforscher Dennis Meadows. »*Stattdessen spüren wir die ersten Erschütterungen eines Erdbebens. Vielleicht hört das Beben damit schon auf, vielleicht zerstört es auch alles um uns herum.*«

Ganz besonders jenes bei uns vorherrschende Modell der Demokratie, in der eher leistungsfeindliche Mehrheiten das Kommando übernommen haben und sich hauptsächlich mit der Errichtung von Schuldengebirgen beschäftigen, um die Massen bei Laune zu halten, ist kein wirklicher Exportschlager.

Stattdessen gewinnen andere Modelle an Terrain. Da ist etwa der Fall China. Gelenkt von einer sich kommunistisch nennenden, de facto aber konfuzianistisch-nationalistisch-technokratischen Staatspartei, hat sich China in den vergangenen Jahrzehnten zum weltweit größten Produzenten von Wohlstand entwickelt. Hunderte Millionen Menschen gelang dadurch der Aufstieg aus der bittersten Armut. Man muss kein Freund der chinesischen »Kommunisten« sein, um dieser Leistung nicht einen gewissen Respekt zu zollen.

Geschafft hat dieses beeindruckende Wirtschaftswunder keine Demokratie, sondern eine lupenreine Diktatur. Es lässt sich zwar empirisch nicht beweisen, aber es dürfte sich dabei durchaus um eine Art »legitimierter Diktatur« handeln. Legitimiert ist sie durch eine relativ hohe Zufriedenheit der Bevölkerung, die den wirtschaftlichen Erfolg ihrer Regierung mit einer gewissen politischen Duldsamkeit honoriert. Wer China einigermaßen kennt, wird vermuten müssen, dass die regierende Staatspartei auch im Falle freier Wahlen die Mehrheit der Stimmen bekommen würde. So lange es der Regierung gelingt, steigenden Wohlstand für die meisten Chinesen zu organisieren, wird sich an dieser Spielart politischer Legitimation wohl auch kaum etwas ändern.

Ähnliches haben die Regierungen anderer asiatischer Tigerländer geschafft. Auch in Singapur ist es einem autoritären Familienclan gelungen, aus einem sumpfigen Stück Land ohne Ressourcen einen der wohlhabendsten Stadtstaaten der Welt zu formen, und zwar ohne Demokratie, aber dafür mit hoher Zustimmung und Akzeptanz der Bevölkerung.

Ganz offensichtlich, und das ist ein etwas verstörender Gedanke für jeden in einer westlichen Demokratie sozialisierten Menschen, ist ein stabiles, von der Mehrheit der Bevölkerung akzeptiertes und getragenes Gemeinwesen nicht nur auf demokratischem Wege zustande zu bringen. Dass dies kein asiatisches

Spezifikum ist, zeigt auf der arabischen Halbinsel das Sultanat Oman, dessen Herrscher Quabus zwar von Demokratie nichts hält, sein Land aber klug führt und deshalb von der Mehrheit der Bevölkerung als legitimer Chef akzeptiert wird.

Auch der sogenannte »Arabische Frühling« hat drastisch gezeigt, dass in vielen Teilen der Welt der Begriff »Demokratie« eher als Chiffre für »Gute Regierung« verstanden wird, denn als liberale Demokratie nach westlichem Vorbild. »*Schlecht regiert werden, das wollten die Menschen nie. Die Frage ist, ob sie wirklich Demokratie wollen oder nur eine bessere Regierung;*« meint dazu treffend der amerikanische Historiker Mark Lilla, »... *Die einzigen Worte, die uns dafür zur Beschreibung zur Verfügung stehen, sind allerdings ›Demokratie‹ und ›Rechte‹. Sobald man aber bei jemandem nachfragt, der Demokratie fordert, ob das dann auch heißen würde, dass Frauen und Kinder Rechte haben und sich wehren können, sieht die Sache schon wieder anders aus. Eine der großen Lehren unserer Zeit – speziell auch des arabischen Frühlings – ist es, dass viele Leute keine Demokratie wollen, jedenfalls nicht in einem strengen Sinn. Sie wollen besser regiert werden und autonom handeln können, sie wollen mehr Transparenz. Aber sie wollen keine individualistische, demokratische Welt, wie wir sie im Westen haben. Das kann sich vielleicht ändern, wer weiß. Aber in der Zwischenzeit müssen wir uns überlegen, wie wir die Dinge im Kleinen verändern können. Denn Demokratisierung durch Wahlen vorantreiben zu wollen, führt oft nur zur nächsten*

Gewaltherrschaft. Jemand gewinnt und hält anschließend keine Wahlen mehr ab. Das passiert laufend in Afrika. Aber wir lernen nichts daraus.« (zit. »Der Standard«, 18.Mai 2012)

Entwickeln sich, was zu befürchten ist, die westlichen Demokratien in den kommenden Jahren weiter zu überregulierten, hochbesteuerten und hochverschuldeten Zonen abnehmenden Wohlstandes, also zu einer Art DDR 2.0 mit guter Menschenrechtslage, während die asiatischen Diktaturen, weiter ganz kapitalistisch getrieben, boomen, könnte daraus glatt ein regelrechter Systemwettbewerb entstehen. Dann werden nämlich auch in Europa Politiker auftauchen, die von den Vorzügen und der Effizienz politischer Systeme schwärmen, in denen »starke Männer« und nicht parlamentarische »Quatschbuden« das Sagen haben. Die Demokratie hätte sich dann buchstäblich im Sinne von Neil Postman *»zu Tode amüsiert«*.

Derartige autoritäre, politische Angebote könnten in Europa durchaus auf fruchtbaren Boden fallen, zumal ja auch innerhalb demokratischer Staaten nichtdemokratische Formen der Herrschaftsausübung durchaus erfolgreich und damit indirekt legitimiert sein können.

In Österreich lenkte etwa jahrzehntelang eine höchst informelle Allianz von Arbeitgebervertretern und Arbeitnehmervertretern unter der Bezeichnung »Sozialpartnerschaft« erfolgreich, aber ohne jegliche demokratische Legitimation als eine Art Schattenregierung, die wirtschaftlichen Geschicke der Republik. Einem vom Mars angereisten Korrespondenten erschiene diese Art des Regierens wohl höchst undemokratisch. Die Österreicher und Österreicherinnen hingegen empfanden diesen diskreten außerparlamentarischen Interessenabtausch hingegen mehrheitlich als günstige Errungenschaft, nicht zuletzt wegen des damit geschaffenen Wirtschaftswachstums.

Zu meinen, die von ihren eigenen Unzulänglichkeiten geschwächte Demokratie würde künftig Attacken autoritärer Politiker ohne weiteres unbeschadet überstehen, ist reichlich naiv. Denn schon heute ist das Bekenntnis der Bevölkerung zu dieser Regierungsform nicht mehr so überwältigend, wie man angesichts ihrer tatsächlichen oder vermeintlichen Alternativlosigkeit glauben könnte.

Denn die demokratischen Institutionen sind, wohl nicht zuletzt aufgrund ihrer Neigung zum Verschuldungsexzess und allen damit verbundenen Folgen, teilweise arg in Misskredit geraten. »*... Das geht mittlerweile so weit, dass man von einer ausgeprägten Demokratiedistanz bei einem relativ großen Teil der Bevölkerung in dem Sinne sprechen kann, dass man den in allgemeinen Wahlen demokratisch legitimierten Institutionen und vor allem Personen nicht länger zutraut, die anstehenden gesellschaftlichen Probleme und Herausforderungen zu bewältigen*«, warnte 2011 eine Studie der deutschen Friedrich-Ebert-Stiftung über »Demokratie in Deutschland«.

Dieser Studie zufolge ist das Fundament der Demokratie in Deutschland einigermaßen wackelig: »*37 Prozent der Deutschen glauben, dass die Demokratie in Deutschland weniger gut oder schlecht funktioniert (6 Prozent schlecht, 31 Prozent weniger gut). Da kann es kaum beruhigen, dass 54 Prozent glauben, die Demokratie funktioniere gut ... oder sehr gut (6 Prozent). In der aktuellen Situation scheint der jahrzehntelang sicher geglaubte demokratische Grundkonsens zumindest teilweise beschädigt zu sein.*« Dabei gibt es offenbar einen engen Zusammenhang zwischen dem ökonomischen Wohlbefinden des Bürgers und seiner Einstellung zur Demokratie: »*Es spricht einiges dafür, dass die Beurteilung der Funktionsfähigkeit des demokratischen Systems in engem Zusammenhang mit der Einschätzung seiner Fähigkeit steht, soziale Gerechtigkeit herzustellen.*« (»Demokratie in Deutschland«) Fast könnte man meinen, auch in den Kernstaaten des demokratischen Westens würde Demokratie nicht so sehr mit dem Recht, zwischen politischen Parteien wählen zu dürfen, assoziiert werden, sondern mit dem Recht, zwischen 200 Joghurtsorten und 500 Fernsehkanälen entscheiden zu können.

Wenn aber das Bekenntnis der Wähler zur Demokratie schon jetzt so lustlos und vor allem an materielle Zuwendungen gebunden ist, können wir uns recht lebhaft ausmalen, wie wetterfest diese Demokratie sein wird, wenn Europa in den kommenden Jahren von einer wirklich harten wirtschaftlichen Krise heimgesucht wird. Wenn Kevin und Jessica vom Sozialstaat in einer derartigen Situation nicht mehr ausreichend bei Stimmung gehalten werden, dürften sie ziemlich üble Laune aufreißen. Und dementsprechend wählen. Dass in Frankreich 2012 schon ein Drittel der Wähler für links- oder rechtsradikale Parteien votiert haben, und das, obwohl das alte System der Wählerbestechung noch voll intakt war, ist ein kleiner Hinweis darauf, wohin sich die Demokratie dann entwickeln dürfte.

VIII. Das letzte Tabu – oder: Die Überwindung der Prolokratie

Man muss kein übertriebener Pessimist sein, um angesichts der immer sichtbarer zutage tretenden Fehlfunktionen des demokratischen Betriebssystems in seiner derzeitigen Form zu befürchten, dass ein Souverän namens Kevin und Jessica den Laden früher oder später gegen die Wand steuern wird. Totalschaden durch Staatsbankrott, wenn irgendjemand diesen Souverän nicht daran hindern wird. Unter dem Eindruck der europäischen Schuldenkrise ersonnene Gesetze, die Parlamente daran hindern, künftigen Generationen in die Taschen zu greifen, sind ja sehr nett, werden aber nicht reichen. Dazu ist die unheilvolle Symbiose von bestechlichen Wählern und auf Kredit bestechenden Politikern einfach zu stark.

Was aber tun?

Von Winston Churchill stammt jenes berühmte Zitat, mit dessen Hilfe jede Debatte über die vermeintliche oder tatsächliche Unverwundbarkeit des demokratischen Verfahrens problemlos relativiert werden kann:

»Die Demokratie ist die schlechteste aller Staatsformen, ausgenommen alle anderen.«

Das stimmt erstens und ist zweitens alles andere als befriedigend. Sich resigniert damit zu bescheiden, dass die Demokratie zwar ziemliche Macken und Dysfunktionalitäten aufweist, aber immer noch besser funktioniert als die von uns gegangene DDR erscheint als Fundament dieses politischen Betriebssystems nun doch ein wenig dürftig. Eine leicht sauer gewordene Milch würden wir ja auch nicht deshalb mit Vergnügen zu uns nehmen, weil man uns darauf hinweist, dass die Qualität der Milch in manchen Ecken Schwarzafrikas noch schlechter zu sein pflegt. Ja, eh gut, aber was hilft uns das?

Es gehört zu den weniger erfreulichen Aspekten der Demokratie, ganz besonders in den deutschsprachigen Ländern, dass es weitgehend tabu ist, völlig ohne Bedingungen und Restriktionen über die Frage zu debattieren, wie tauglich Demokratie als Herrschaftsform für das 21. Jahrhundert sein wird oder ob Alternativen zur Demokratie denkbar sein könnten, die deren evidente Vorteile bewahren und deren sichtbare Nachteile auszuschalten imstande sind. Diese Frage zu stellen, ist das politikwissenschaftliche Pendant zu schlechtem Mundgeruch.

Es ist ein zwar verständliches, aber törichtes Tabu. Verständlich ist es, weil die Demokratie gerade in Deutschland und Österreich ja alles andere als tief verwurzelt und das demokratische Selbstverständnis daher noch dementsprechend sensibel ist. Von den westlichen Alliierten erst nach 1945 wirklich erfolgreich implementiert, hat die Demokratie im deutschen Sprachraum innerhalb der wenigen seither vergangenen Jahrzehnte nicht in der Art und Weise selbstverständlich werden können, wie sie es in der Schweiz, den USA oder Großbritannien nach Jahrhunderten des

Übens ist. Diese Staaten pflegen übrigens einen viel differenzierteren Umgang mit dieser Staatform.

Wer gerade erst zum Christentum konvertiert ist, tut sich erfahrungsgemäß ja auch etwas schwerer, blasphemische Witze lustig zu finden, als ein in Ehren ergrauter Kardinal in Rom.

So verständlich dieses Tabu ist, so töricht ist es. Denn dank dieser Tabuisierung befindet sich Demokratie unter einer Art hermetischer Käseglocke, die die dringend notwendige gedankliche Frischluft weitgehend verhindert. Wer die Demokratie mit Hilfe dieses Tabus versteinert, nimmt ihr die Möglichkeit, sich anzupassen und damit ihre Überlebensfähigkeit zu verbessern.

Deshalb wäre ein wichtiger erster Schritt zur Optimierung dieser Form der Herrschaftsausübung, jenes Tabu zu kippen. Über Demokratie muss genauso ergebnisoffen verhandelt werden wie über den Kapitalismus oder die ewige Frage nach der Existenz Gottes.

Natürlich ist es auch heute nicht verboten, die Demokratie in Frage zu stellen. Es empfiehlt sich bloß nicht wirklich, weil jeder, der dies versucht, damit zu rechnen hat, von der veröffentlichten Meinung in die Spinnerecke gedrängt zu werden, also an einen Punkt des anerkannten Debattenbogens, an dem nur ein paar Verrückte, intellektuelle Hooligans und ideologische Exoten rumlungern.

Räumt man dieses Tabu zur Seite, warten ein paar nahe liegende Alternativen zur Demokratie, die alle eines gemeinsam haben: Sie wurden ausreichend erprobt und haben ihre Untauglichkeit mehr oder weniger hinlänglich bewiesen.

Monarchie? Ein Blick auf die heutige Generation potenzieller europäischer Krönchenträger lässt einen selbst den durchschnittlichsten Repräsentanten des demokratischen Systems als glanzvolle Lichtfigur erscheinen.

Diktatur? Gerade hierzulande weiß man, dass dies ohne jeden Restzweifel von allen schlechten Alternativen zur Demokratie die allerschlechteste ist.

Anarchie? Hat gewisse charmante Aspekte, vor allem als libertäre Anarchie. Für sie jedoch sind die deutschsprachigen Menschen einfach zu ordnungsliebend. Geht deshalb auch nicht.

Was also tun?

Dass bestimmte Fehlfunktionen der Demokratie gerade heute so unangenehm auffallen, hängt nicht nur mit der Demokratie, sondern auch mit der Größe des von ihr kontrollierten Rechtsraumes zusammen. Je mehr Einfluss der Staat hat, umso schwerere Schäden können seine Fehler anrichten. Je minimalistischer hingegen ein Staat angelegt ist, je mehr Entscheidungen und Geld er dem einzelnen Bürger überlässt, desto weniger wichtig ist seine Organisationsform.

In Deutschland oder Österreich ist eben diese so besonders wichtig, weil der Staat einen besonders hohen Teil der Wirtschaftsleistung jedes Einzelnen an sich rafft (»Staatsquote«) und besonders ungeniert und heftig in das Leben seiner Bürger eingreift, um diese vor sich selbst zu beschützen. Wo sich der Staat als eine Art Besserungsanstalt für seine unmündigen Bürger versteht, ist natürlich besonders wichtig, wie und von wem die Anstaltsleitung ernannt wird.

Als einfachste und dringlichste Demokratiereform muss daher eine radikale Entschlackungskur des Staates stattfinden. Seine Kompetenzen und seine (Steuer-) Einnahmen müssen minimiert werden. In dem Ausmaß, in dem sich der Staat aus vielen Gebieten zurückzieht, die er heute noch okkupiert hält, werden die Folgen allfälligen Demokratieversagens weit weniger zu spüren sein, als das heute der Fall ist.

Wenn also die Demokratie, wie das heute etwa in Österreich und teilweise in Deutschland der Fall ist, etwa ein eher suboptimal funktionierendes Schulwesen zu verantworten hat, so wird das gravierende Folgen auf die Standortqualität der nächsten Jahrzehnte haben.

Das wäre ganz einfach dadurch zu beheben, dass der Staat den Betrieb von Schulen nicht mehr als Staatsaufgabe versteht, sondern dem Privatsektor überantwortet, wie das teilweise in Schweden mit großem Erfolg gemacht worden ist. Wettbewerb und Marktkräfte werden ziemlich schnell für eine deutliche Verbesserung des Produktes »Schule« sorgen, genauso wie das im 20. Jahrhundert beim Produkt »Telefon« der Fall war.

Vor allem aber wird in diesem Fall die Frage, wie gut oder schlecht die demokratisch legitimierte, staatliche Bildungsbürokratie organisiert ist, an Relevanz deutlich verlieren. Die Qualität des Schulwesens wird dann nicht mehr oder jedenfalls kaum noch davon abhängen, welcher Partei der Wähler seine Stimme gibt, ganz im Gegensatz zum status quo.

Das gleiche Prinzip lässt sich natürlich auf zahllose andere Politikfelder anwenden, in denen heute noch der Staat als größter aller Gorillas am Werk ist. Deshalb ist es zur Korrektur demokratischer Defizite unbedingt notwendig, dem Staat all jene Aufgaben und Funktionen zu entreißen, die nicht genauso gut von Privaten erledigt werden können.

Geht nicht, sagen die Kräfte der Beharrung an dieser Stelle routiniert. Was blanker Unsinn ist. Wenn etwa in der Schweiz der Staat sich damit begnügt, nur rund 35 Prozent der Wirtschaftsleistung zu konfiszieren, ohne dass Elendszüge durch die Zürcher Innenstadt ziehen, dann gibt es keinen Grund, den deutschen oder österreichischen Staat, und letztlich auch die EU, nicht ebenfalls entsprechend abzuspecken.

Die grundlegenden Defekte der modernen Massendemokratie lassen sich auf diese Weise zwar lindern, aber nicht reparieren.

Dazu werden einschneidende Eingriffe in das Betriebssystem Demokratie notwendig sein. Die Eurokrise beschleunigt diesen Prozess erheblich. »*Die Angst vor dem Knall*«, diagnostizierte am 15. Juni 2012 ein Kommentar der Tageszeitung »Die Welt«, ist »*so groß, dass sogar bis dato Undenkbares salonfähig wird. Namentlich die Ansicht, dass Demokratien, dass Politiker und ihre Wähler nicht mit Geld umgehen können. Und dass man ihnen deshalb die Brieftasche wegnehmen muss.*«

Am dringlichsten in diesem Kontext wird sein, die in diesem Buch beschriebene Neigung der Demokratie, sich früher oder später in die Staatspleite zu wählen, durch geeignete Institutionen ausreichend einzuhegen, ohne ihre Vorzüge preiszugeben. Kevin und Jessica müssen daran gehindert werden, die Konten heute noch Ungeborener zu plündern.

Wir werden die Demokratie also daran hindern müssen, unter dem Banner des universellen Wahlrechtes beim Konkursverwalter zu landen.

Dazu wäre eine Instanz notwendig, die den Prozess der Wählerbestechung per Schuldenaufnahme zum Stillstand bringen kann. Das wird nur gehen, wenn diese Instanz nicht genauso um ihre Wiederwahl bangen muss wie der Parlamentarier.

Karl Schwarzenberg, der kluge tschechische Außenminister, hat das in seinem Buch »Unterschätzen Sie nicht meine Boshaftigkeit«, das er gemeinsam mit der Journalistin Barbara Tóth verfasst hat, auf den

Punkt gebracht: »*... Deswegen bin ich auch ein vorsichtiger Anhänger der parlamentarischen Monarchie, weil der Monarch ein unabhängiges Element darstellt, das nicht von derselben Quelle der Macht abhängig ist. Wahrscheinlich könnte auch ein Oberhaus diese Aufgabe erfüllen; etwa ein Oberhaus, das nach einem Zufallsprinzip zustande kommt oder in das jeder 500ste Bürger entsandt wird oder was auch immer. Wichtig wäre, dass es nicht die gleiche Machtbasis (also Wahlen, Anm.) hat. Über so etwas sollte man sich heute mehr Gedanken machen ...*«.

Der da und dort ventilierte Gedanke, politische Mandatare durch Zufallsgenerator oder Los zu bestimmen, und so von Wiederwahl per Wählerbestechung unabhängig zu machen, mag auf viele befremdlich wirken.

Dazu besteht freilich kein wirklicher Anlass. Denn auch Geschworene oder Schöffen, die im Strafverfahren über Freiheit oder lebenslange Haft für einen Angeklagten entscheiden, werden per Los auserwählt, ohne dass das jemand für undemokratisch hält. Darüber zu entscheiden, ob jemand für Jahrzehnte seiner Freiheit beraubt wird oder nicht, ist wohl gravierender als viele Entscheidungen, die wir heute legitimierten Volksvertretern überantworten. Deshalb haben ja beispielsweise die Isländer bei der Erarbeitung ihrer neuen Verfassung erst jüngst ein Gremium von knapp tausend Bürgern eingerichtet, die per Zufallsgenerator aus dem Einwohnerkataster ausgewählt wurden. Undemokratisch fand das dort übrigens niemand.

Zyniker würden vermutlich in diesem Zusammenhang auch noch darauf verweisen, dass per Zufall ermittelte Mandatare à la longue qualifizierter wären als jene, die in einer Parteiendemokratie üblicherweise Karriere machen und deshalb eher als eine Art Negativauslese beschrieben werden müssen.

Egal, wie man diesen Prozess organisiert, am Ende muss sichergestellt werden, dass ein tollwütiges Parlament, das unmittelbar vor Wahlen Ausgaben beschließt, die nur der Wählerbestechung dienen, unvernünftig und verantwortungslos ist und kommende Generationen enteignet, von irgendjemandem, der dazu legitimiert wurde, gestoppt werden kann. Diese Person oder Institution wird diesen Job nur dann erledigen können, wenn er oder sie sich nicht jenem Volk direkt zur Wahl stellen muss, das dieses Parlament wählt. Denkbar wäre dafür, wenn das Zufallsprinzip oder Monarchen nicht erwünscht sind, auch eine Art von Weisenrat, der einmal demokratisch gewählt wird, sich aber aus sich selbst erneuert, indem seine Mitglieder sich bei Ausscheiden eines Weisen untereinander auf eine Nachfolger verständigen.

Noch schwieriger wird das Problem zu lösen sein, dass in der zeitgenössischen Demokratie die Anzahl jener immer größer wird, die Nettoprofiteure dieses Systems sind, während der Anteil der Nettozahler immer kleiner wird. Was dazu führt, dass sich die Mehrheit der Gewinner dieser Umverteilungsmaschine immer neue und immer ruinösere Wohltaten auf Kosten der Minderheit herbeiwählt. Dagegen wird auch eine Veto-Instanz nicht ausreichend Schutz gewähren können.

Eine eher radikale Lösung dieses Problems dachte in seinem Spätwerk »Verfassung der Freiheit« der aus Österreich stammende Nobelpreisträger Friedrich August von Hayek an: »*Es kann vernünftigerweise argumentiert werden, dass den Idealen der Demokratie besser gedient wäre, wenn alle Staatsangestellten oder alle Empfänger von öffentlichen Unterstützungen vom Wahlrecht ausgeschlossen wären.*«

Dafür wird freilich im 21. Jahrhundert keine demokratische Mehrheit mehr zu organisieren sein, die ja die Voraussetzung für einen derart radikalen Schritt wäre. Es ist schlicht und ergreifend die Zahl jener, die von der staatlichen Umverteilungs- und Subventionskrake in der einen oder anderen Form alimentiert werden, bereits viel zu groß geworden. Mit Sicherheit handelt es sich dabei um weit über 50 Prozent der Stimmberechtigten. Dass jene Gruppe mehrheitlich dafür stimmen würde, in Zukunft ihr Stimmrecht zu verlieren, ist ja wohl nicht zu erwarten.

Schlüssig könnte freilich argumentiert werden, all jenen, die als Nettozahler substantielle Beiträge zur Wohlfahrt der Nettonehmer leisten, eine Art Zweitstimme zu geben, mit der sie die Zusammensetzung einer parlamentarischen Körperschaft, also einer Art »Ausgabenrat«, bestimmen können, die bei besonders kostspieligen Parlamentsbeschlüssen ein Veto- und Mitspracherecht hat.

Aber selbst wenn derartiges politisch machbar wäre, löste es doch nicht das darunterliegende Strukturproblem, dass es ungesund und wenig wünschenswert ist, dass eine Minderheit von Leistungserbringern eine Mehrheit von Leistungsempfängern auf Dauer alimentiert. Wünschenswert wäre der umgekehrte Zustand. Der Nettozahler als Normalfall, der Nettoempfänger als Ausnahme.

Das würde nur zu erreichen sein, indem staatliche Subventionen, Zuwendungen, Sozialleistungen und steuerliche Privilegien aller Art radikal gekürzt und gestrichen würden. Das ist wiederum demokratisch wohl erst zu organisieren, wenn der Staat völlig bankrott ist.

Was übrigens eine blendende, wenn nicht gar die einzige Chance ist, einen demokratisch verfassten Staat ökonomisch ernsthaft und mit der notwendigen Nachhaltigkeit zu reformieren. Neuseeland in den 1980er Jahren und Schweden oder Finnland in den 1990ern belegen das bestens. Sir Adam Douglas, 1984 neuseeländischer Finanzminister und Vater der damaligen radikalliberal inspirierten und unglaublich erfolgreichen Reformen, hat auf die Frage eines Journalisten nach der wichtigsten Voraussetzung für derartige Reformen trocken geantwortet: »*Sie müssen als Staat pleite sein – und zwar völlig pleite, sonst geht das nicht*«

Dass der Wähler offenkundig nur *the hard way* lernt, wenn überhaupt, hängt mit einer anderen Eigentümlichkeit des demokratischen Verfahrens zusammen. Wer ein Auto lenken will, wer eine Arztpraxis eröffnen oder den Klempnerberuf ausüben will, der muss vorher der Obrigkeit seine Befähigung dazu nachweisen. Und zwar aus einem einzigen, triftigen Grund: um andere nicht in Gefahr zu bringen. Den Bundeskanzler und den Finanzminister wählen können Jessica und ihr Freund Kevin, jedenfalls indirekt, ohne rudimentärste Sachkenntnisse oder auch nur die Fähigkeit des sinnerfassenden Lesens nachweisen zu müssen.

So blöd kann man gar nicht sein, dass man nicht seinen Wahlzettel benutzen dürfte, ein potenziell ebenso gefährliches Instrument wie ein schnelles Auto.

Es ist ein reizvoller Gedanke, sich jenen Qualitätssprung vorzustellen, den die Demokratie erfahren könnte, wäre die Ausübung des Stimmrechtes an den Nachweis minimalsten politischen Wissens geknüpft, der durch eine Art »Wählerführerschein« erbracht wird. Dass derzeit auch über die Zusammensetzung des Parlaments entscheiden darf, wer »Parlament« für eine britische Zigarettensorte hält, ist ja nicht unbedingt ein Qualitätsmerkmal des demokratischen Entscheidungsprozesses.

Allen hier erörterten Möglichkeiten, das demokratische Verfahren zu verbessern, ist ein Merkmal gemeinsam: Sie sind weder besonders amüsant noch populär, und sie sind mit etwas Arbeit und etwas Ernsthaftigkeit verbunden.

Genau diese alten Werte werden aber notwendig sein, soll die Demokratie nicht allmählich wegen ihrer Konfigurationsfehler der Lächerlichkeit preisgegeben werden.

Nur wenn sich der Wähler die Mühe macht, aus seiner permanenten Agonie des Amüsements zumindest gelegentlich zu erwachen und sich den Kopf darüber zu zerbrechen, warum er wofür stimmt, kann das vielleicht verhindert werden. Nur wenn in den demokratischen Prozess Instrumente eingeführt werden, die Wählerbestechung auf Kosten künftiger Generationen hintanhalten, wird sich die Demokratie Respekt verdienen. Und nur wenn die Mehrheit der wirtschaftlichen Nettoprofiteure nicht eine dauerhafte Diktatur über die Minderheit der Nettozahler mit dem Ziel von deren Enteignung errichten kann, werden die auch weiter netto zahlen, ohne in die innere oder äußere Emigration zu flüchten.

»*... Die moderne Religion der Demokratie läuft so Gefahr, das wahre Opium der Masse zu sein,*« schreibt der Wiener Philosoph Taghizadegan in seinem Buch »Demokratie, eine kritische Analyse«, »... *Wer sich ohne jede Voraussetzung als Bürger wähnen darf, wessen Dummheit man Meinungspluralität und wessen Feigheit man Wahlgeheimnis nennt, wessen Neid man Anspruch tauft und wessen Laster gutes Recht, den kann man in jede Sklaverei einlullen, solang man ihm seine Bequemlichkeit lässt.*

Aufgrund der religiösen Tabuisierung dieses modernen Kults laufen wir Gefahr, die nächste Reaktion zu nähren, die sich dann mit solcher Heftigkeit gegen die Demokratie wenden wird, dass sie auch die guten Seiten des Konzeptes durch deren Gegenteil ersetzen wird. Je blinder der Glaube an ein Versprechen, das nicht eingehalten werden kann, desto größer dann die Wut, wenn das Vertrauen schließlich geplatzt ist.«

Im Grunde ist es ganz einfach: Um zu funktionieren, braucht die Demokratie halbwegs ernsthafte, halbwegs lesefähige und halbwegs vernünftige Menschen als Wähler, die in dieses Projekt ein wenig Arbeit und ein wenig Mühsal investieren. Und sie braucht Politiker, die sich dem wenigstens nicht in den Weg stellen.

Wenn Kevin und Jessica bereit sind, die Fernbedienung und das Sixpack Bier wenigstens ganz kurz mal zur Seite zu legen, wird Demokratie funktionieren können.

Wenn nicht, werden Kevin und Jessica bekommen, wonach sie verlangen.

Gerald Hörhan
GEGEN
gift
Wie euch die Zukunft gestohlen wird.
Was ihr dagegen tun könnt.
edition a

Gerald Hörhan
Gegengift

Die große Abzocke der Jugend: Sparen bei der Bildung, schwieriger Arbeitsmarkt und keine Chance auf staatliche Altersversorgung mehr. Und jetzt halst Europa den jungen Menschen auch noch die Kosten für den Reformstau auf. Denn die Rechnung für die Krisen in Griechenland, Irland und Portugal bezahlen am Ende sie. Nach seinem Bestseller »Investment Punk – Warum ihr schuftet und wir reich werden« rüttelt der Investmentbanker und Punk Gerald Hörhan die jungen Generationen auf und sagt, wie sie sich wehren können. Eine gewohnt provokante Ansage des Harvard-Absolventen, der gerne mit Irokesenfrisur und Lederkluft auftritt und dabei im Aston Martin vorfährt.

ISBN 978-3-99001-029-7
192 Seiten, EUR 19,95

PETER MENASSE
REDE AN UNS
edition a

Peter Menasse
Rede an uns

Opfer sind Verlierer. Sie langweilen und nerven. Wer als Opfer auftritt, wird nicht ernst genommen. Er vermittelt keine Gegenwart und hat keine Zukunft. Peter Menasse hält seiner eigenen, der jüdischen, Gemeinschaft eine Standpauke: Die Schoah ist kein Argument mehr. Die heutigen Juden sind keine Opfer mehr und die heutigen Deutschen und Österreicher keine Täter. Wenn die Juden auf ihrer Opferrolle beharren, werden sie ihre gesellschaftliche Bedeutung einbüßen. Eine provokante Rede darüber, wie die politischen Leitfiguren der Juden falsche Feindbilder pflegen, warum die Gedenkstätten auch abgerissen werden können und was gegen Antisemitismus und Fremdenfeindlichkeit wirklich zu tun wäre.

ISBN 978-3-99001-053-2
112 Seiten, EUR 14,90